1歳児の あそび

年齢別保育資料

伊瀬玲奈／編著

ひかりのくに

　1歳の子どもの生活とあそびは、生まれてはじめて触れる、はじめて見る、はじめて行なうといったことの連続です。保育者は子どもがそうした「はじめて」と出会い、関わりを深めていく過程を丁寧に捉えようと努めているのだと思います。

　本書は、子どもにとって保育者とのあそびが、楽しく喜びに満ちているものになるように、その結果として充実感や満足感を味わうことができるようにという願いをこめて執筆しました。この本に掲載したあそびはどれも保育の実践から生まれたものばかりですが、保育は子どもと保育者が創り出していくものだと思います。目の前にいる子どものために創意工夫をしながら保育に活用をしていただきたいと願っています。

　子どもの内面を理解しようと努める保育者がいることで、子どもにとって好きなこと、楽しいことがある充実した園生活になっていくように

　思います。子どもは保育者がそばにいてくれることで安心します。満足するまで遊ぶことで他者のあそびを「楽しそう」と思う気持ちが芽生え、その後に「みんなと一緒も楽しいね」という場面が生まれてくるのだと思います。あそびの資料としてわらべうたや手あそび、絵本も掲載しました。これらも子どもの「はじめて」を大切にしてまずは保育者と楽しんでほしいと願っています。

　本書は国立青少年教育振興機構理事長である鈴木みゆき先生が企画をしてくださいました。また、辛抱強く本書の発行まで支えてくださったひかりのくに株式会社書籍編集部安部鷹彦様、原稿整理に尽力してくれた和洋女子大学池田純菜さん・畑野好海さんには心から御礼申し上げます。

執筆者を代表して　伊瀬　玲奈

本書の特長と見方

子どもの育ちを支える、あそびのヒントがたっぷり詰まった1冊です。

あそびを始める前にこれだけは押さえておきたい「子どもの発達」「保育所保育指針、教育・保育要領」について紹介します。保育室のページでは、実践してみたい工夫が満載です。

発達や季節に合わせたあそびを紹介しています。

関わりのポイント
保育者が気を付ける点や関わり方を紹介!

あそびが広がるポイント
あそびをもっと楽しくするヒントです。

季節など
実施するのにふさわしい発達の時期や季節、保育者数、準備の量がひと目で分かります。

● **ふれあいあそび**
保育者と子どものふれあいを大切にするあそびです。

● **からだあそび**
からだをいっぱい使うあそびです。

● **身近な素材のあそび**
身の回りにある素材を使って遊びます。

● **手作り玩具**
身近な物で、簡単に作れる玩具です。

● **自然あそび**
葉っぱや風、水などに触れながら、自然を感じるあそびです。

あそびの資料

手あそびや絵本など、乳児保育に役立つ資料を紹介します。

● わらべうた・手あそび
保育者と子どもが触れ合いながら楽しめるわらべうた・手あそびです。

● 絵本
生活やあそびなど、ジャンルごとに分けた絵本を紹介します。

● 玩具
どの園にもおきたい、子どもたちが大好きな玩具を紹介します。

全体のポイント
あそびがもっと楽しくなるヒントを紹介します。

絵本からあそびへ
絵本からあそびに発展させるヒントを紹介します。

生活の工夫

あそびと切り離せない、生活についての工夫を紹介します。

生活場面ごとの発達の様子を解説します。

着脱や排せつなどの支援について、保育の工夫を分かりやすく解説。

もくじ

はじめに 2
本書の特長と見方 4

1歳児の発達 18

知っておこう！　保育所保育指針 24
1歳がゆったり過ごせるポイント・アイディア 28
コンパクトな保育室 30

第1章

ふれあいあそび
だっこする？ 34
布で遊ぼう 35
まっしろ　本物みたい 36
ボール入るかな 37
ハンカチあそび 38
いたね！○○さん！ 39
ペンギンの親子になろう 40
あんよあんよ 41
はいどうぞ 42
お世話あそび 43
出発進行 44
先生のお膝大好き 45
もしもしだあれ 46
どこかな？ 47
おなかいっぱいだね 48
紙皿いないいないばあ 49
○○ちゃん、ハーイ 50

ひらひらシフォン	51
一緒にトコトコ	52
シュシュいっぱい	53
まねっこたのしいね	54
一緒にパズルボックス	55
おんなじたのしいね	56
かんぱーい	57
何が出てくるかな	58
ネズミさんこんにちは	59
先生と一緒	60
小さな砂場	61
まねして遊ぼう	62
のぼってのぼってたかいたかい	63
いっぱいひっぱれ	64
コロコロお散歩	65

第2章 からだあそび

手作りパズル	68
シール貼ったり剥がしたり	69
雨が降ってきた	70
箱から箱へお引っ越し	71
先生来て来て〜追いかけっこ	72
ビリビリしちゃうぞ！	73
一緒にまてまて〜	74
ビニール風船で遊ぼう	75
タッチ！	76
行ってきます	77
そーっとくぐってね	78
ふわふわきれいだね	79

もくじ

歩いたりハイハイしよう	80
よいしょよいしょ箱あそび	81
ひらひらたのしいね	82
ボックスポットンあそび	83
洗濯バサミを外して遊ぼう	84
コロコロころがしあそび	85
ながいながい	86
ボールまてまて	87
いっぱい入れよう	88
お引越しポケット	89
乗り物大好き	90
先生大好きジャンプ	91
階段上るのたのしいな	92
入れて遊ぼう	93
ファスナーがいっぱい	94
いないいないカーテン	95

第3章

身近な素材のあそび

道ができたよ	98
レンゲぐるぐる	99
ぴったり！	100
扉を開けたり閉めたり	101
引っ張ってみよう	102
ころころお山	103
いろいろ散歩道	104
見えたよ見えた	105
お散歩風船	106
ぼくのわたしのカバン	107
お絵描き	108

ぱっちんしてみよう ……………………………… 109
いろいろシールあそび ……………………………… 110
ジュースパック積んじゃおう ……………………… 111
トングで遊ぼう ……………………………………… 112
新聞のお風呂で遊ぼう ……………………………… 113
ジュースパックの乗り物 …………………………… 114
いろいろスロープ …………………………………… 115
くるくるはめよう …………………………………… 116
カラフルペットボトル ……………………………… 117
たたいて遊ぼう ……………………………………… 118
貼って遊ぼう ………………………………………… 119
お弁当作ろう ………………………………………… 120
フェルトをくっつけたり剥がしたり ……………… 121
知ってるもの見えたよ ……………………………… 122
ころりんクッション ………………………………… 123
取れたよ取れたよ …………………………………… 124
お出掛けしよう ……………………………………… 125
三角トンネル ………………………………………… 126
くっつけたり剥がしたり …………………………… 127
たかいたかい ………………………………………… 128
水のお布団 …………………………………………… 129

第4章

自然あそび

見て見て！ 好きなもの ……………………………… 132
砂あそびをしよう …………………………………… 133
初めての水あそび …………………………………… 134
果物出てきたよ ……………………………………… 135
お水ぎゅー …………………………………………… 136
ドングリハウス ……………………………………… 137

もくじ

音がするよ …………………………………………………………… 138
葉っぱかさかさ ……………………………………………………… 139
まるまるお引っ越し ………………………………………………… 140
つめたい！み〜つけた ……………………………………………… 141

第5章

わらべうた・手あそび

トコトコトコちゃん ………………………………………………… 144
キャベツはキャ ……………………………………………………… 146
パンダうさぎコアラ ………………………………………………… 148
さかながはねて ……………………………………………………… 149
たまごたまご ………………………………………………………… 150
いとまき ……………………………………………………………… 152
だるまさん …………………………………………………………… 153
むすんでひらいて …………………………………………………… 154
ピヨピヨちゃん ……………………………………………………… 156
がたがたバス ………………………………………………………… 157
ゆらゆらタンタン …………………………………………………… 158

第6章

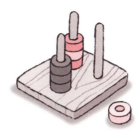

あそびの資料

- あそびの絵本 ……………………………………………… 162
- リズムの絵本 ……………………………………………… 167
- 生活の絵本 ………………………………………………… 168
- 食べ物の絵本 ……………………………………………… 172
- 写真の絵本 ………………………………………………… 173

- どの園にもおきたい　玩具・遊具 ……………………… 174

第7章

生活の工夫

- 睡眠に関する発達・園での工夫 ………………………… 184
- 着脱に関する発達・園での工夫 ………………………… 190
- 清潔に関する発達・園での工夫 ………………………… 196
- 食事に関する発達・園での工夫 ………………………… 200
- 排せつに関する発達・園での工夫 ……………………… 208
- 朝の受け入れに関する園での工夫 ……………………… 214
- お迎えの時間に関する園での工夫 ……………………… 216
- ０・１・２歳児の保護者対応 …………………………… 218

子どもの興味に合わせて遊ぼう！
素材別さくいん

からだひとつで

だっこする？	34
いたね！○○さん！	39
ペンギンの親子になろう	40
あんよあんよ	41
先生のお膝大好き	45
○○ちゃん、ハーイ	50
一緒にトコトコ	52
まねっこたのしいね	54
先生来て来て〜追いかけっこ	72
そーっとくぐってね	78
階段上るのたのしいな	92
つめたい！み〜つけた	141

ペットボトル・ボトルキャップ

シュシュいっぱい	53
いっぱい入れよう	88
いろいろスロープ	115
カラフルペットボトル	117
たかいたかい	128
初めての水あそび	134

ペーパー芯、テープ芯

出発進行	44
コロコロお散歩	65

段ボール板、段ボール箱

- おなかいっぱいだね ……… 48
- 箱から箱へお引っ越し ……… 71
- よいしょよいしょ箱あそび ……… 81
- ボールまてまて ……… 87
- ファスナーがいっぱい ……… 94
- 引っ張ってみよう ……… 102
- 新聞のお風呂で遊ぼう ……… 113
- いろいろスロープ ……… 115
- くるくるはめよう ……… 116
- 三角トンネル ……… 126

紙袋、ポリ袋

- おなかいっぱいだね ……… 48
- ビニール風船で遊ぼう ……… 75
- ふわふわきれいだね ……… 79
- いろいろ散歩道 ……… 104
- 果物出てきたよ ……… 135

牛乳パック、ジュースパック

- いないいないカーテン ……… 95
- ぼくのわたしのカバン ……… 107
- ジュースパック積んじゃおう ……… 111
- ジュースパックの乗り物 ……… 114
- 初めての水あそび ……… 134

紙コップ、容器

- はいどうぞ ……… 42
- 手作りパズル ……… 68
- 見て見て！好きなもの ……… 132

素材別さくいん

砂あそびをしよう ………………………………… 133
初めての水あそび ………………………………… 134
ドングリハウス …………………………………… 137

紙類

紙皿いないいないばあ …………………………… 49
おんなじたのしいね ……………………………… 56
先生と一緒 ………………………………………… 60
シール貼ったり剥がしたり ……………………… 69
ふわふわきれいだね ……………………………… 79
ひらひらたのしいね ……………………………… 82
ボックスポットンあそび ………………………… 83
道ができたよ ……………………………………… 98
見えたよ見えた …………………………………… 105
お散歩風船 ………………………………………… 106
お絵描き …………………………………………… 108
ぱっちんしてみよう ……………………………… 109
いろいろシールあそび …………………………… 110
くるくるはめよう ………………………………… 116
三角トンネル ……………………………………… 126

新聞紙

おなかいっぱいだね ……………………………… 48
おんなじたのしいね ……………………………… 56
ビリビリしちゃうぞ！ …………………………… 73
ボールまてまて …………………………………… 87
いないいないカーテン …………………………… 95
いろいろ散歩道 …………………………………… 104
お絵描き …………………………………………… 108
新聞のお風呂で遊ぼう …………………………… 113

ホース
- ながいながい ……………………………… 86
- お出掛けしよう …………………………… 125

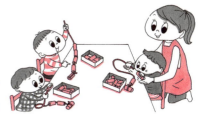

タッパー
- いっぱい入れよう ………………………… 88

ボール
- ボール入るかな …………………………… 37
- 雨が降ってきた …………………………… 70
- 一緒にまてまて〜 ………………………… 74
- 行ってきます ……………………………… 77
- いろいろスロープ ………………………… 115

マット
- 歩いたりハイハイしよう ………………… 80
- 先生大好きジャンプ ……………………… 91

フープ
- ボール入るかな …………………………… 37
- まるまるお引っ越し ……………………… 140

風船
- ビニール風船で遊ぼう …………………… 75
- お散歩風船 ………………………………… 106

素材別さくいん

人形、ぬいぐるみ

お世話あそび	43
お引越しポケット	89

ひも、縄

タッチ！	76
ながいながい	86
入れて遊ぼう	93
ころりんクッション	123

布

布で遊ぼう	35
ひらひらシフォン	51
いっぱいひっぱれ	64
雨が降ってきた	70
お引越しポケット	89
いないいないカーテン	95
引っ張ってみよう	102
くるくるはめよう	116
取れたよ取れたよ	124
くっつけたり剥がしたり	127

フェルト

入れて遊ぼう	93
フェルトをくっつけたり剥がしたり	121

タオル、ハンカチ

- 布で遊ぼう ……………………………………… **35**
- ハンカチあそび ………………………………… **38**
- ネズミさんこんにちは ………………………… **59**

座布団、布団

- ころころお山 …………………………………… **103**
- いろいろ散歩道 ………………………………… **104**
- ころりんクッション …………………………… **123**

写真、絵

- 紙皿いないいないばあ ………………………… **49**
- 扉を開けたり閉めたり ………………………… **101**
- お弁当作ろう …………………………………… **120**
- 知ってるもの見えたよ ………………………… **122**

積み木

- もしもしだあれ ………………………………… **46**
- 一緒にパズルボックス ………………………… **55**
- かんぱーい ……………………………………… **57**
- トングで遊ぼう ………………………………… **112**

歳児の発達

❶ 運動機能　一人歩きができる

個人差はありますが、1歳を過ぎる頃から一人歩きができるようになります。物を持ったまま立ち上がったり玩具を引っ張って歩いたりする姿も見られるようになっていきます。片手を支えると階段を上ることもできるようになります。

❷ 人間関係　他児に関心を示す

一人あそびを楽しむ中で、他児に関心を示しながら遊ぶようになります。自我が芽生え「〜したい」という気持ちを動作や声で表現することも増えてきます。保育者や他児のしていることを盛んにまねして、行動の意味やおもしろさを知ろうとしています。

1歳〜1歳3か月頃（12〜15か月頃）

❸ 言葉の獲得　一語文が出始める

要求や意思を指さしや声で伝えようとします。一語文が出始め、保育者の言葉をまねて「（りん）ご」など言葉の語尾を発することもあります。子どもの伝えたいことをくみ取って共感する関わりを大切にしましょう。

❹ 表現　歌や動作をまねする

運動機能の発達に伴い、クレヨンを持つと直線を往復させてなぐり描きを楽しむようになります。また、簡単な動きの手あそびをして見せると、歌に合わせて身体を揺らし歌や動作をまねするような姿も見られるようになります。

❶ 運動機能　転ばずに歩けるように

歩行が安定し転ばずに歩けるようになってきます。ハイハイでの階段の上り下りやボールを投げるなど、できることが増えてきます。手指操作も巧みになり、つまむ、めくるといった微細な動きに加えスコップですくうなど道具を用いることもできるようになります。

❷ 人間関係　喜怒哀楽の表現が豊かに

喜怒哀楽の表現が豊かになります。褒められると何度も繰り返し、上手くいかないと駄々をこねるようになります。挑戦したい意欲を認め、必要に応じて手を添えたり見守ったりしながら気持ちに寄り添う関わりを大切にしましょう。

1歳3か月～1歳6か月頃（15～18か月頃）

❸ 言葉の獲得
言語をグループ化する

食べ物は全て「マンマ」、動物は全て「ワンワン」と言うなど、共通する特徴を一つのグループとして言葉にすることがあります。子どもの言葉を補ったり言葉を添えたりしながら関わることで、言葉への認識が育っていきます。

❹ 表現　一人あそびを楽しむ

音や色の特徴、種類を区別できるようになってきます。物に働き掛けてその性質を確かめながら一人あそびを楽しみ、主体的に物と対話しながら集中力や創造力、思考力を育んでいます。興味のある素材や玩具をそろえておくなど環境を整えましょう。

1歳児の発達

❶運動機能　小走りや段差の上り下りも

1歳後半は、小走りや一段ずつ足をそろえる段差の上り下りなどもできるようになってきます。障害物があると方向転換して避ける歩行も可能になります。また、積み木を崩さないように3～5個積むなど手首の動きや力を調節しながら遊べるようになってきます。

❷人間関係　自他の区別を認識し始める

自他の区別を認識し始め、自分の物への執着が強くなります。他児との物の取り合いも増えてくる頃ですので、お互いの気持ちを受け止めながら代弁したり提案したりし、丁寧に関わり方を伝えていくようにしましょう。

1歳6か月～1歳9か月頃（18～21か月頃）

❸言葉の獲得　簡単な問い掛けを理解する

簡単な問い掛けを理解し、言葉や指さしなどで応じるようになります。絵本に登場する犬の絵を指して「これは？」と聞くと「ワンワン」と答えたり、その場にいない人を尋ねると指さしで答えたりなど、記憶力や認識力の育ちとともに言葉の理解も進みます。

❹表現　見立てあそびを楽しむように

象徴機能が発達し、物を何かに見立てて遊んだり経験したことを再現したりして遊ぶようになります。子どもの思いに共感したことばがけを行なうとともに、様々な素材や道具を用意して思いのままに表現する楽しさを味わえるようにしましょう。

❶ 運動機能　全身運動が巧みになる

またぐ、しゃがむ、ボールを蹴るといった全身運動が巧みになり、2歳前後になると、両足をそろえてジャンプすることもできるようになります。積み木を積むだけでなく横に並べたり、違う容器に物を移し替えたりして遊ぶこともできるようになってきます。

❷ 人間関係　何でも自分でやろうとする

何でも自分でやろうとし、手伝おうとすると「ダメ」「イヤ」と言うことが多くなります。やりたいこととできることのギャップからかんしゃくを起こすことも多々あります。選択肢を提示するなど、子どもが納得する関わりを大切にしましょう。

1歳9か月〜2歳頃（21〜24か月頃）

❸ 言葉の獲得
欲求を単語で表現する

自分の欲求を単語で表現するようになります。また、言葉への興味が増し、いろいろな物の名前を知りたがります。子どもの興味に丁寧に応じていくことで語彙数が増え、徐々に「ワンワン、いた」などの二語文を発するようになっていきます。

❹ 表現　簡単な図形を認識できる

丸や四角などの簡単な図形を認識し、単純な型はめの玩具で遊ぶこともできるようになります。また、直線の往復だったなぐり描きから、ぐるぐるとした曲線や点が描けるようになります。手の力もついてなぐり描きの線もしっかりしてきます。

1 歳児の発達

❶ 運動機能　基本動作が滑らかになる

歩行などの基本動作が滑らかになり、低い段差から飛び降りる、ぶら下がるといった動きもできるようになってきます。足の力もついてきて、長い距離を歩いたり三輪車にまたがって地面を蹴って進んだりすることもできるようになります。

❷ 人間関係　他児と関わりをもとうとする

他児に関心をもち、語り掛けたり側に寄ったりなど関わりをもとうとする姿が増えてきます。保育者が仲立ちとなって子ども同士をつないでいきましょう。また、自立と依存の間で揺れ動く時期でもあります。受け止められる安心感を得られるよう関わりましょう。

2歳～2歳半頃（24～30か月頃）

❸ 言葉の獲得　二語文が出始める

著しく語彙が増え、二語文が出始めます。言葉を用いた表現が多様化しますが、上手く言葉にできないことも多々あります。一生懸命伝えようとする姿を大切にし、子どもの思いをくみ取って接していきましょう。

❹ 表現　対の関係を認識する

「大きい－小さい」など対の関係を認識できるようになり、粘土など形を変える素材で遊びます。偶然出来上がった物に意味付けしたり、見立てたりする姿も見られるようになってきます。また、手本をまねて線などを写し取ることもできるようになります。

❶ 運動機能　ジャンプやつま先立ちができる

連続ジャンプ、つま先やかかと立ち、少しの間の片足立ちなどができるようになります。全身を使って走り保育者の制止のことばがけで止まることもできるようになってきます。左右交互に足を出して階段を上るようにもなります。

❷ 人間関係　自分の気持ちをコントロールする

自我が拡大する2歳半頃までは、自分の気持ちをコントロールすることが困難でしたが、2歳後半になると、徐々に他者の気持ちを受け止めたり自分の思いと折り合いをつけたりすることができるようになってきます。

2歳半〜3歳頃（30〜36か月頃）

❸ 言葉の獲得

多語文を話すようになる

発声も明瞭になり、複数の語彙を連ねて多語文を話すようになってきます。経験したことや自分の気持ちを言葉で表そうとします。知的好奇心が高まり「これなあに？」と盛んに質問することが増えてきます。

❹ 表現　イメージした物をつくる

積み木や粘土などを使って、イメージした物を構成するあそびがよく見られるようになります。丸を閉じて独立した円が描けるようになり、ハサミでの1回切りやのりを紙につけて貼ることもでき始めます。

知っておこう！
保育所保育指針

（幼保連携型認定こども園 教育・保育要領）

0・1・2歳児の保育で重要なこと

　3歳未満の乳児期は、身近な人や環境との関わり合いの中で、その後の成長の土台となる心と身体を育てていく極めて重要な時期です。こうした重要性を踏まえ、2018年施行の保育所保育指針、幼保連携型認定こども園教育・保育要領では、それ以前のものと比較して乳児保育の記載が充実しています。乳児期から学びの芽が育まれていることを念頭において、養護的な側面と教育的な側面を一体的に営んでいくことが求められます。

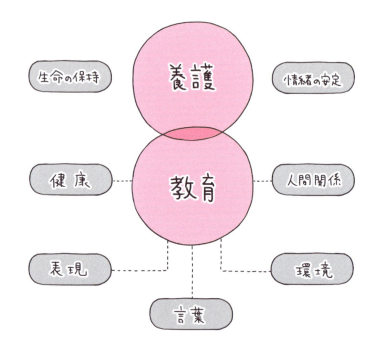

養護について

　子どもの心身の健やかな育ちには、生理的欲求が満たされ、愛情に包まれて安心して過ごせるようにする「養護」が基本となります。そのため、保育における養護では、子どもの生命の保持と情緒の安定を図ることが求められています。ここでの「生命の保持」と「情緒の安定」は切り離せるものではなく、相まって展開されます。単に身の回りの世話をするだけではなく、心地よさや安心感を得られるようにすることが重要です。

乳児保育（0歳児）の3つの視点

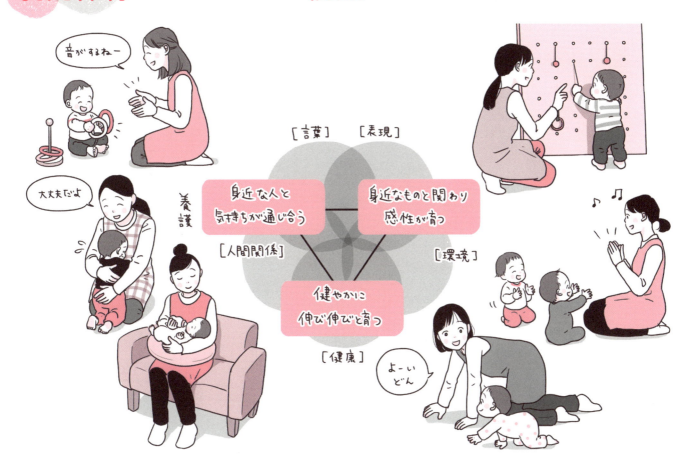

　0歳児は発達が未分化な状態であることから、5領域につながっていく「3つの視点」で保育のねらいと内容が示されています。

　1つ目は、「健やかに伸び伸びと育つ」という身体的発達に関する視点です。個々の発育に応じて、あそびの中で十分に身体を動かす機会を保障していきましょう。その際、心と身体の健康はつながっていることに留意し、身体を動かす心地よさや喜びを感じられるようにしていくことが大切です。そうした経験を重ねる中で自ら身体を動かす意欲が育まれていきます。

　2つ目は「身近な人と気持ちが通じ合う」という社会的発達に関する視点です。初めて人との関わりをもつこの時期に、保育者が受容的・応答的に関わることで、人への信頼感が育まれていきます。また、自己を受け止めてもらえる安心感を得る中で、自分の感情を様々な表現で伝えようとします。乳児の表現から訴えを探り、受け止め、丁寧に応えていくことで、人への信頼感が深まり、自分を肯定する気持ちも育っていきます。

　3つ目は「身近なものと関わり感性が育つ」という精神的発達に関する視点です。周囲の様々な環境と出会い触れ合う中で、好奇心や諸感覚が刺激されます。遊びや生活の中で、色、手触り、音、形といった多様な環境と出会えるよう工夫しましょう。環境と対話しながら、多様な働き掛けを試みることができるよう援助していきます。乳児の感じていることに心を寄せ、楽しさを共有する中で、表現が豊かになっていきます。

　これらの3つの視点は、養護と一体的に展開され、各視点も互いに関連し合っています。

1歳以上3歳未満児の5領域

　1歳以上3歳未満児から、健康・人間関係・環境・言葉・表現という5領域による保育のねらいと内容が示されています。しかし、この時期の発達の特性に合わせた内容となっているため、3歳以上児の5領域とは違いがあります。発達の連続性を意識して、0歳児の保育における「3つの視点」と、3歳以上児の保育における「5領域」と関連し合いながら保育を展開していくことが求められます。

　例えば、この時期の発達の特性として、自我の芽生え・育ちが挙げられます。心身の発達に伴い自分でできることが増えてくるこの時期は、「自分でできる喜び」や「自分でやってみたい意欲」に満ちています。この喜びや意欲を十分に受け止め、支えていくことがこの時期の保育として重要となります。

　また、多様な人との関わりが生まれてくる時期でもあります。特定の保育者との一対一の関係から、他の保育者や他児へと関わりが広がっていきます。周囲の人の存在に気付き、自分とは異なる存在としての認識も徐々に芽生えてくる頃です。人に関心をもち、やり取りや模倣を繰り返したり、時にはトラブルなども経験したりしながら、人と一緒に過ごす心地よさを感じられるよう援助していきましょう。

　こうした発達の特性を踏まえ、5つの視点から子どもの育ちを捉えていきます。なお、この時期の育ちの土台には、人への信頼感や愛着関係、自己を表現できる安心感がしっかりと育っていることが重要です。したがって、養護の側面との重なりや一体性を念頭において保育を展開していきましょう。

健康・食育・安全について

　子どもの健康と安全の確保は、保育の基本となります。子どもの発育・健康状態をこまめに把握し記録すること、アレルギー疾患を有する子どもへの対応を把握し共有すること、食を営む力の基礎を育むための食育計画を日常生活と関連させて作成し実施すること、事故防止や疾病予防の体制・内容を整えていくこと、様々な災害を想定した対策を工夫することなど、子どもが健康で安全に生活するために必要なことについて、保育所内外と共有・連携していくことが求められます。

資質・能力、10の姿について

　2018年施行の保育所保育指針、幼保連携型認定こども園教育・保育要領では、生きる力の基礎を培うために育みたい資質・能力として3つの柱が示され、それを具体化した姿として「幼児期の終わりまでに育ってほしい姿」が10項目記載されています。この10項目は、子どもの育とうとしている姿を見とる手立てとして保育の省察や小学校との連携に生かしていくものであり、到達目標ではないことに注意しましょう。あくまでも、保育内容に示されるねらいに基づいて、乳児期からの保育を丁寧に積み重ねていくことが重要です。

1歳がゆったり過ごせるポイント・アイディア

1 ちょっとひと工夫（入り口）

家庭的な雰囲気作りは戸の開け閉めから！

保育室の入り口は何度開け閉めされているでしょうか。バタン・ガラガラと意識せずに開け閉めをすると、子どもたちが開け閉めのたびに振り返り、落ち着かない雰囲気になってしまうこともあります。

12 動線・目線ポイント（入り口）

子どもが保育室に入ったらどんなあそびが目に入るのか確認してみよう

保育室に戻ったときに、子どもたちが好きな場、好きなあそびを選択できるように、教材をどの位置に置くとよいのか、子どもの目線から見える保育室の様子を確認してみましょう。そして実際に、子どもたちの動線を見ながら適宜修正をしていきましょう。

2 ちょっとひと工夫（あそびスペース）

素材の異なる玩具を置いて、遊び方にバリエーションを

玩具は、遊び方が分かりやすい物、いじったりしているうちにあそびに導かれる物、ままごとなど素材を組み合わせて遊ぶ物など、いろいろな物があります。質的に異なる玩具を点在するように配置するとよいでしょう。

3 ゆったり保育のポイント

ゆったりコーナー作りには、仕切りが大活躍！

保育室と家庭との大きな違いは空間の広さです。広すぎると子どもが落ち着かない場合もあります。あそびをゆったりと楽しむには、段ボールや牛乳パックなどで作った仕切りで、コーナーを作るとよいでしょう。

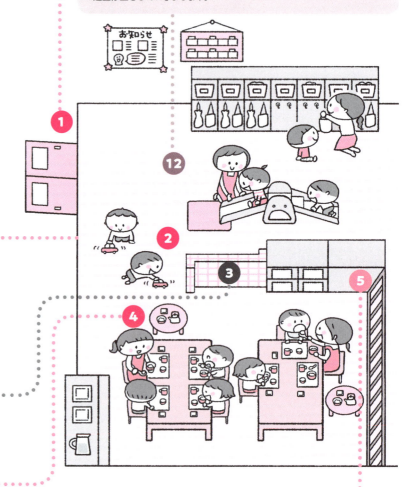

4 ちょっとひと工夫（食事スペース）

食事中に立ち歩かなくてもよいように位置＆必要物品を確認！

食事をする子どものそばに保育者が座り、子ども一人ひとりに適切な援助をするのが理想です。保育者が食事中に何度も立ち歩かなくてもよいように、保育者の手元に必要な物品を用意します。おかわりの食事を置く位置なども、「どの位置がいいかしら」と保育者間で確認しましょう。

5 安全のポイント（食事スペース）

アレルギー情報を掲示！

アレルギーの子どもが在籍している場合は、献立、アレルギー食材など、誤食を防ぐための情報は保育室の中でも1か所にまとめるとよいでしょう。同時に個人情報にも配慮する必要があります。保護者からは見えにくく、保育者は確認しやすい位置を探しましょう。

保育者のまねをしながら、だんだん自分でもやってみようとする姿が見られるようになります。子どもたちがじっくりと着脱などに向き合えるような保育室づくりをしましょう。

11 ゆったり保育のポイント
保護者のしたくスペースを確保してコミュニケーション！
保護者がしたくをする場所は、保護者が保育室の中を横断したりすることのないように、動線も考えて、保育室全体が見渡せるように設定しましょう。

10 ちょっとひと工夫（あそびスペース）
子どもが保育室内を動きやすくするために玩具を管理
子どもにとっては玩具を集めたり、持ち歩いたりするのもあそびです。保育室に玩具が散らかるときには、子どもの手が届く所に置く量を少なくして、保育者が管理する場所に残りの玩具を置いておくとよいでしょう。遊びたい子どもが複数いるときには、寄せておいた玩具を追加して、それぞれの子どもがあそびを楽しめるように工夫しましょう。

9 動線・目線ポイント
遊ぶ物や遊び方によって環境を変える
動かしたり、積んだりつなげたりするあそびは、子どもの往来が多い場所だと、いざこざが起きやすくなります。往来が少なく落ち着いて遊ぶことができるスペース、伸び伸びと体を動かして遊ぶことができるスペースなど、あそびの質を考えて環境をつくるようにしましょう。

8 動線・目線ポイント
絵本コーナーはゆったり空間に！
保育者が抱っこしてゆっくりと絵本を読んであげられるように、じゅうたんを敷き、クッションも用意しておくとよいでしょう。手作りの本棚などで、表紙が見えるように絵本を置くと、子どもが好きな絵本を見つけやすくなります。また年度当初は、歩行前の低月齢の子どもたちがゆっくりと遊べるスペースとしても使えるので、保育が落ち着いたものになります。

7 ゆったり保育のポイント
玩具は子どもが出し入れしやすい位置に
玩具入れは、物やあそびへの興味・関心・意欲を引き出せるように、子どもが手を伸ばすと取り出せる位置に設置しましょう。

6 ちょっと一工夫（着脱・排せつ）
視線を遮れるように仕切りを利用
衣服の着脱やおむつ替えのときには、出入りする保護者や他の子どもからの視線をできるだけ遮ることができるように、仕切りやついたてを利用しましょう。時間帯によっては、定位置で行なうことが難しいこともあるでしょう。その場合は、移動が簡単な物も用意しておくと便利です。

コンパクトな保育室

コンパクトな空間で「遊ぶ」「食べる」「寝る」を、
少しでも子どもが心地よくできるように工夫を重ねている保育室の工夫をまとめました。

あそびと生活が並行できるように 子どもも保育者も 同じ動きを避けて

　みんなで「いただきます」、「さぁ寝ましょう」という一斉的な保育形態から、活動のはじまりと終わりが重なり合う、可能な範囲で個人差に応じた保育に挑戦してみませんか。コンパクトな保育室でも工夫をすれば十分実現可能です。

　生活場面をゆったりと行ないたいと思ったら、遠回りに感じてもあそび空間の充実が最優先。好きなあそびをしていると、もっと遊びたいという気持ちが刺激されて、あそびに夢中になり、その結果時間差が生じてきます。この時間差を利用して、個別的な関わりを増やしていきましょう。

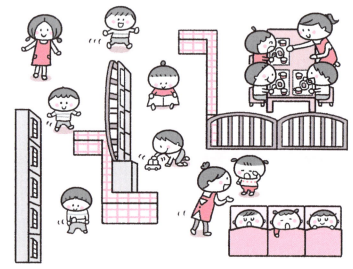

壁や家具を利用して あそび空間に

　コンパクトな保育室の床面積は限られています。そんなときには、家具の側面、裏面や壁など、あらゆる面を使って、あそびの場をつくり出していきましょう。

　例えば、絵本を入れたウォールポケット、貼ったりはがしたりするあそびができるタペストリーを壁に掛けます。子どもが引っ張っても簡単にはずれてしまわないように、つるしたり、取り付けたりすると保育者もバタバタすることなく遊ぶことができます。

「いつでも遊べる」スペースを

　おやつや昼食のためにテーブルを出したり、お昼寝の時間には保育室いっぱいに布団やコットを敷いたりすると、どうしても遊ぶ空間が狭くなります。でも、あそび道具を全部片付けてしまうと、食後すぐに眠くならない子どもや、早く目覚めた子どもはどう過ごしたらよいのでしょうか。あそび道具が入ったカゴや壁面を利用した、「いつでも遊んでいいよ」という空間を少しでもよいので残しておくことが、少しでも無理強いを減らし、一人ひとりの生活リズムを大切にできるきっかけになっていきます。

体を動かして遊ぶスペースを

　コンパクトな保育室だからこそ、子どもたちが体を動かして遊ぶことができるあそび道具があるとよいでしょう。しかし、空間と保育者の人数は限られていますから、何でもよいというわけにはいきません。仕切りなどを用意して場所をつくるとよいでしょう。保育者がずっと側についていなくてはケガや子ども同士のトラブルが心配というものではなく、保育者は見守ることができる高さ、広さ、モノであること、お昼寝の時間などには保育者1人で簡単に移動できるといった可動性があると便利です。例えば、不要な布団をくるくると巻いたお手製丸型の長いクッション、布団や座布団、ジュースパックで作った枠などがおすすめです。

第1章

ふれあい
あそび

子どもの喜怒哀楽の表現が豊かになります。
子どもとやり取りをしながら触れ合って遊ぶことで、
次第に子どもは保育者へ信頼を寄せ、
園が安心できる場所へと変わっていきます。

> ここがおすすめ！

自我が芽生え、自己主張することが増えてくる時期です。丸ごと受け止めてもらう安心感を得られる時間として、ふれあいあそびを大切にしたいものです。

> ここがおすすめ！

簡単な言葉の意味を理解し、語彙数が増えてくることで保育者とのやり取りが楽しくなる時期です。子どもの言葉を受け止めたり、やり取りをしたりしながらふれあいあそびを楽しみましょう。

だっこする？

季節	保育者数	準備
いつでも	一人から	なし

用意するもの
● なし

準備しておくこと
● なし

5つの領域を Check!

遊び方

抱っこをして触れ合う

保育者は子どもに「だっこする？」とたずねて、子どもが「うん」と答えたときは、抱っこで移動して遊びます。

関わりのポイント
抱っこで移動しなくても、子どもが満足するまで（特に気持ちが不安なとき）時間をかけて抱っこしていると、自分から離れて別のあそびを探しだします。

あそびが広がるポイント
子どもが集中して遊んでいるときは、無理に声を掛けないようにします。横抱っこも嫌がらなければ、やってみるとよいです。

布で遊ぼう

季節	保育者数	準備
いつでも	複数で	なし

用意するもの
- 長い布（バスタオルでも可）

準備しておくこと
なし

5つの領域をCheck!

養護／健康／人間関係／環境／言葉／表現

第1章 ふれあいあそび

遊び方

1 布を揺らして遊ぶ

保育者は長い布の両方を持ち、子どもの頭上でゆらゆらと揺らします。子どもは保育者が揺らす布を眺めたり、自分なりにくぐったりして遊びます。

関わりのポイント
保育者は子どもに「ゆらゆらしてるね」と声を掛けたり、揺れている布を一緒にくぐったりして遊びます。

2 布に潜って遊ぶ

どこかな〜？

子どもが布に潜ったり、顔を出したりして遊びます。

関わりのポイント
保育者は「○○ちゃんいないね、どこかな？」など声を掛け、子どもが布を潜ったり、顔を出したりするのを楽しめるようにしましょう。

あそびが広がるポイント
子どもが自分なりに楽しむことができるように、布をたくさん用意しておくとよいでしょう。
最初は沐浴ガーゼやシフォンのような透ける布で、何度か遊んだ後はバスタオルなどに素材を変えると、楽しさが広がります。

まっしろ　本物みたい

季節	保育者数	準備
いつでも	一人から	しっかり

用意するもの
- 上新粉、水、塩、油、シート

準備しておくこと
- 米粉粘土を作成しておきます（上新粉と水が３：１の割合が目安）。

5つの領域をCheck!

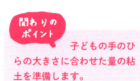
関わりのポイント
子どもの手のひらの大きさに合わせた量の粘土を準備します。

遊び方

触って感触を楽しむ

米粉粘土を丸めたり、ちぎったりなどして形を変えて遊びます。

あそびが広がるポイント
直接触れるのが苦手な子どもには、透明なカップなどに入れて渡すなど工夫してみましょう。

ボール入るかな

季節	保育者数	準備
いつでも	一人から	かんたん

用意するもの
- ボール（風船でも可）、フープ、スズランテープ

準備しておくこと
- フープにスズランテープを付けておきます。

5つの領域をCheck!
健康／人間関係／言葉／表現／環境／養護

遊び方

1 ボールで遊ぶ

「ちょうだい」

子どもと保育者が向かい合って座ります。保育者は、子どもとボールの渡し合いっこをしたり、追い掛けたりして遊びます。

関わりのポイント
ボールは素材や大きさによって転がり方が変わるので、違いも楽しめるようにします。

2 フープで遊ぶ

子どもがフープにボールを入れて遊べるように、保育者はフープを差し出します。

関わりのポイント
保育者は子どもと一緒にフープで遊んでから、ボールを入れて遊べることを知らせて、やり取りを楽しめるようにしましょう。

あそびが広がるポイント
保育者は子どもなりに遊ぶ姿を見守りつつ、「まてまて〜」と一緒にボールを追い掛けるなど、子どもが楽しんでいることを言葉にするとあそびが広がります。

ハンカチあそび

季節	保育者数	準備
いつでも	一人から	かんたん

用意するもの
● ハンカチ

準備しておくこと
● ハンカチでバナナを作ります。

作り方

ハンカチを広げ、四つの角を中心に集めて折る。

中心をつまんで持ち上げる。

空いているほうの手で、ハンカチの下部を握るように持つ。

バナナの皮をむくように、ハンカチをめくる。

遊び方

ハンカチで身近な物を作って、見立てあそびをする

保育者がハンカチでバナナやリボンを作り、子どもと一緒に見立てあそびをします。

保育者は、子どもと、一緒に作って遊びます。

いたね！○○さん！

季節	保育者数	準備
いつでも	一人から	なし

用意するもの
● なし

準備しておくこと
● なし

5つの領域を Check!
養護／健康／人間関係／環境／言葉／表現

遊び方

散歩の中でいろいろな物に興味をもつ

散歩の途中で、動物などを見つけて声を掛けます。

関わりのポイント
子どもが視覚で立体的に物を捉えるのは大切なことなので、様々なことに気付いて、何だろうと観察できるように見守りましょう。

あそびが広がるポイント
園に帰ってきてからも、絵本などを見て散歩のことを思い出し、「オーイ」と呼ぶようになります。

第1章 ふれあいあそび

ペンギンの親子になろう

季節	保育者数	準備
いつでも	一人から	なし

用意するもの
● なし

準備しておくこと
● なし

5つの領域を Check!
養護／健康／人間関係／環境／言葉／表現

遊び方

一緒に歩いて遊ぶ

子どもが保育者の足の甲に乗って、一緒に歩いて遊びます。

関わりのポイント
子どもの手を持つときは、保育者の手を持つように促し、肘内障にならないように気を付けます。

関わりのポイント
慣れてきたら、子どもと手をつないで遊んでみましょう。

あそびが広がるポイント
目線が少しだけでも高くなると、子どもが見える世界が変わります。

あんよあんよ

季節	保育者数	準備
いつでも	一人から	かんたん

用意するもの
- なし

準備しておくこと
- 平坦な場所を確保しておきます。

遊び方

歩き始めた子どもと歩くことを楽しむ

子どもが好きな場所で自分なりに歩いたり、保育者のもとまで歩きます。

関わりのポイント
達成感を味わえるように、最初は短い距離から少しずつ距離を広げていくとよいです。

関わりのポイント
自分で歩きたいという意欲を大事にして見守ります。

あそびが広がるポイント
はだし、靴下、靴などで歩き方は変わります。一人ひとりの歩き方をよく見て、歩くことが楽しくなるようにしましょう。

はいどうぞ

季節	保育者数	準備
いつでも	一人から	なし

用意するもの
- プラスチックコップ、チェーンリング、カゴ

準備しておくこと
- なし

遊び方

プラスチックコップの中に入ったチェーンリングをカゴにうつす

子どもがプラスチックコップの中にチェーンリングを入れたり、チェーンリングを自分でカゴに入れたりして遊びます。

関わりのポイント 保育者は「はいどうぞ」「ありがとう」の言葉やしぐさを通し、子どもとのやり取りを楽しめるようにします。

あそびが広がるポイント
入れ物や素材に変化をつけると楽しさが広がります。

お世話あそび

季節	保育者数	準備
いつでも	一人から	なし

用意するもの
- 人形

準備しておくこと
- なし

5つの領域をCheck!
養護／健康／人間関係／環境／言葉／表現

遊び方

人形とお世話あそびを楽しむ

自分が普段してもらっていることを人形に再現して遊びます。

関わりのポイント
保育者が子守歌をうたったり、ミルクを飲ませたりする姿を見せる事で、子どもがまねをしてあそびに取り入れることができます。

ごはんをあげる　　子守歌をうたってあげる　　寝かせてあげる

関わりのポイント
歩行が安定したら、おんぶひもや抱っこひもを加えるとあそびが広がります。

あそびが広がるポイント
まずは自分がしてもらっている抱っこや食事のまねから入れるように、あそびの中で使うことができる用具などの環境を整えましょう。

第1章 ふれあいあそび

出発進行

季節	保育者数	準備
いつでも	複数で	かんたん

用意するもの
● ペーパー芯、荷造り用のひも

準備しておくこと
① ひもに芯を通します。
② 保育者は一方のひもを持ち、もう一方は壁に貼り付けます。

5つの領域を Check!
養護／健康／人間関係／環境／言葉／表現

遊び方

1 芯を乗り物に見立てて、ひもを伝って進む

しゅっぱーつ！

子どもが芯を持ち、保育者が持っているひもを伝って進みます。

関わりのポイント
保育者の姿を見たり、話を聞いたりしてまねをすることで、子ども自身が意欲を持って取り組めるあそびへと発展します。

2 ひもの高さを変えて遊ぶ

関わりのポイント
慣れたら芯の数を増やすのも楽しいです。

慣れてきたら、保育者がひもの高さを変えて遊びます。

関わりのポイント
ひもが首や手にかからないようにします。

あそびが広がるポイント
子どもが繰り返し楽しめるように、高さや長さ、取り組む場所に変化をつけると興味が持続します。

先生のお膝大好き

季節	保育者数	準備
いつでも	一人から	なし

用意するもの
- なし

準備しておくこと
- なし

5つの領域を Check!

養護 / 環境 / 健康 / 人間関係 / 言葉 / 表現

第1章 ふれあいあそび

遊び方

膝の上で子どもと触れ合う

保育者の膝の上に、子どもが向かい合って座ります。

関わりのポイント
最初は取り組みたくなかったり、怖かったりする子もいますが、近くで見ていることでいずれ取り組むことができるようになります。慌てずにそばで見守ることも大切にします。

関わりのポイント
保育者は歌に合わせて足を動かしたりします。

あそびが広がるポイント
膝を立てて上に座らせて高さを楽しんだり、揺れを楽しんだりして遊び方の工夫をしましょう。

もしもしだあれ

季節	保育者数	準備
いつでも	一人から	なし

用意するもの
● 積み木

準備しておくこと
● なし

5つの領域をCheck!
養護／健康／人間関係／環境／言葉／表現

遊び方

1 積み木を携帯電話に見立てて子どもと会話をして遊ぶ

「もしもしー？」
「はーい」

保育者は積み木の携帯電話を使って、子どもと顔を見合わせながら会話をします。

2 子どもと少し離れて会話をする

「今、〇〇ちゃんの所に行きますよー」

保育者は子どもと少し離れたり、物陰から少し顔を見せたりしながら遊びます。

関わりのポイント
保育者は子どもの名前を呼び掛けたり、「〇〇しましょう」と誘ったりと、子どもが答えやすい呼び掛けをします。

あそびが広がるポイント
段ボールなどで簡単に持ち運びできる手作り携帯電話を作るとあそびは広がります。

どこかな？

季節	保育者数	準備
いつでも	一人から	なし

用意するもの
- 鈴

準備しておくこと
- なし

5つの領域を Check!
養護／健康／人間関係／環境／言葉／表現

第1章 ふれあいあそび

遊び方

1 保育者が鈴を手で隠して、当てっこをする

「どっちかな？」

保育者は片手に鈴を隠し、子どもはどちらの手に入っているか当てて遊びます。

2 子どもが鈴を手で隠して、当てっこをする

「こっちに入ってるのかな？」

慣れてきたら子どもが鈴を隠し、保育者が当てて遊びます。

関わりのポイント
「どっちかな？」「あったね！」などと声掛けをしながら、保育者自身も子どもとのやり取りを楽しみます。

関わりのポイント
手の内に隠れる大きさの鈴は、子どもの誤飲の危険があるので注意します。手の届かない所に置きましょう。

あそびが広がるポイント
巾着袋を二つ用意したりして、子どもも「どこかな？」が遊べるようにすると楽しさが広がります。

おなかいっぱいだね

季節	保育者数	準備
いつでも	一人から	しっかり

用意するもの
- 模造紙、段ボール板、新聞紙、ポリ袋、カラーポリ袋

準備しておくこと
① 口を開けたゴリラの絵を、段ボール板に貼り、裏側にポリ袋を貼ります。
② 新聞紙をくしゃくしゃにして、バナナやリンゴを作ります。

作り方

- イラストを段ボール板に貼る。
- ゴリラの口に穴を開け、裏にポリ袋を貼る。
- 新聞紙で果物を作る。

遊び方

口の中に手作りの果物を入れて遊ぶ

子どもがゴリラの口に、新聞紙で作ったバナナやリンゴを入れて遊びます。

関わりのポイント　果物を集めるなど、他のあそびに使う子どももいるので、多めに用意すると、どの子どもも遊ぶことができます。

紙皿いないいないばあ

季節	保育者数	準備
いつでも	一人から	しっかり

用意するもの
● モール、紙皿、色紙、写真

準備しておくこと
① 上の紙皿には、色紙で手の形を作って貼ります。
② 下の紙皿には、保育者や子どもの顔写真やイラストを貼ります。

遊び方

めくって遊ぶ

保育者は子どもの手の届くところに、紙皿いないいないばあをつり下げます。子どもの前で紙皿を「いないいないばあ」とめくります。写真を見つけた子どもの反応に「○○先生だね」など、応答します。

関わりのポイント
子どもがめくって遊ぶことができるように、壁に貼るなどもしてみましょう。

あそびが広がるポイント
中に貼る写真は、人物であれば子どもや保育者、物は保育室にある玩具など、子どもが身近に感じるような物がよいでしょう。

○○ちゃん、ハーイ

季節	保育者数	準備
いつでも	一人から	なし

用意するもの
● なし

準備しておくこと
● なし

遊び方

名前を呼んで、やり取りを楽しむ

子どもが、自分の名前を保育者に呼ばれたら返事をするというやり取りを楽しみます。

関わりのポイント
子どもと顔を見合わせながら、名前を呼んであげます。

あそびが広がるポイント
保育室にある人形やぬいぐるみを使って、お返事をしたり、手を上げたりするなど、子どもの反応に合わせてやり取りを楽しみましょう。

ひらひらシフォン

季節	保育者数	準備
いつでも	一人から	なし

用意するもの
- シフォンスカーフ

準備しておくこと
- なし

第1章 ふれあいあそび

遊び方

シフォンをキャッチして遊ぶ

保育者はシフォンを小さく丸めて高く投げます。そのシフォンを子どもが拾ったり、小さくして放ったりして遊びます。

関わりのポイント
保育者は子どもに、声掛けをしながら遊びます。

あそびが広がるポイント
シフォンを洗濯バサミでつるすなど、遊び方を工夫します。

一緒にトコトコ

季節	保育者数	準備
いつでも	一人から	なし

用意するもの
● なし

準備しておくこと
● なし

遊び方

戸外でかけっこをして遊ぶ

保育者と一緒にかけっこをして遊びます。

関わりのポイント
保育者は危険のない道かどうかを確認します。

あそびが広がるポイント
子どもが立ち止まって何かを見つけたときには、急かすことなく、どんな物に興味をもったのか見て楽しみましょう。

シュシュいっぱい

季節	保育者数	準備
いつでも	一人から	かんたん

用意するもの
- ペットボトル、シュシュ

準備しておくこと
- ペットボトルに、色水などを入れておきます。

5つの領域を Check!

養護／健康／人間関係／環境／言葉／表現

第1章 ふれあいあそび

遊び方

シュシュをペットボトルにつけて遊ぶ

色水が入ったペットボトルに、子どもがシュシュをつけて遊びます。

関わりのポイント
子どもが何回も繰り返し満足するまで遊べるように、保育者は遊具の数をたくさん用意しておきます。

あそびが広がるポイント
子どもの成長の個人差に合わせて、太めのペットボトルと細めのペットボトルを用意しておくとよいです。

まねっこたのしいね

季節	保育者数	準備
いつでも	一人から	なし

用意するもの
- なし

準備しておくこと
- なし

5つの領域をCheck!
健康／人間関係／言葉／音楽／環境／養護

遊び方

様々な動きをまねして遊ぶ

「はーい」と手を伸ばす保育者の動きなどを子どもがまねして遊びます。

関わりのポイント
子どもの反応に合わせて、まねっこの動作を変えましょう。

「はーい」

あそびが広がるポイント
簡単な動きをまねできるようになったら、動物のまねなども取り入れると表現することを楽しめるようになります。

一緒にパズルボックス

季節	保育者数	準備
いつでも	一人から	なし

用意するもの
● パズルボックス、積み木

準備しておくこと
● なし

5つの領域をCheck!

遊び方

穴の形に合わせて、積み木を入れて遊ぶ

子どもがパズルボックスの穴に合わせて、積み木を選びます。選んだ積み木をパズルボックスに入れて遊びます。

「入るかな？」

関わりのポイント
保育者は子どもの発達に合わせて、簡単な形だけに絞った物から、いろいろな形がある物まで用意します。

関わりのポイント
慣れたら種類を増やしたり、大きさを変えましょう。

あそびが広がるポイント
子どもの成長に合わせて、穴よりも小さめの積み木を選んだり、入れやすい丸だけを用意するなど、入ったことを喜べるような工夫をしましょう。

おんなじたのしいね

季節	保育者数	準備
いつでも	一人から	かんたん

用意するもの
- 色つきの厚紙、新聞紙を丸めた棒、紙テープ

準備しておくこと
① 新聞紙を丸めた棒の先端に、星形などに厚紙を切った物を付けます。
② 厚紙に紙テープを裂いた物を付けます。

 遊び方

手作りした棒を持って遊ぶ

子どもは手作りの棒を持って、振ったり回したりして遊びます。保育者も子どもと同じ物を持って楽しみます。

お揃いだね〜

あそびが広がるポイント
音楽をかけたり、廊下を一緒に歩いたりすることで、楽しさが広がります。

かんぱーい

季節	保育者数	準備
いつでも	一人から	なし

用意するもの
- ままごとのコップ、積み木

準備しておくこと
- なし

第1章 ふれあいあそび

5つの領域をCheck!

遊び方

コップを持って乾杯ごっこを楽しむ

保育者は、子どもが持っているコップにお茶を入れるまねをして、乾杯して遊びます。

お茶を入れますよー

関わりのポイント
保育者は子どもがイメージを広げていけるように、気持ちや行動を言葉で表現していきます。

かんぱーい

あそびが広がるポイント
コップに加えて、ジュースパックや小さなペットボトルなどを用意すると、あそびが広がります。

何が出てくるかな

季節	保育者数	準備
いつでも	一人から	なし

用意するもの
- お弁当の袋、ままごとのフルーツなど

準備しておくこと
- なし

関わりのポイント
保育者は子どもに対して、正解することを求めるのではなく、子どもがやり取りの楽しさ、遊ぶことのおもしろさを感じられるように配慮をします。

遊び方

袋の中に何が入っているか当てっこをして遊ぶ

保育者が袋の中からままごとのフルーツの一部分を出し、子どもと当てっこをして遊びます。

あそびが広がるポイント
フルーツだけでなく、いつも遊んで目にしている身近な玩具を使用することで、語彙数の獲得にもつながります。

ネズミさんこんにちは

季節	保育者数	準備
いつでも	一人から	かんたん

第1章 ふれあいあそび

用意するもの
- ハンカチやタオルなど

準備しておくこと
- ハンカチやタオルでネズミを作ります。

作り方

ハンカチの中心に指を入れ、ネズミの耳のようにしてつまむ。 → ネズミの耳の下のところを、指が入るくらいにゆるめて結ぶ。 → 形を整えてネズミを作る。

遊び方

ハンカチのネズミに触れて遊ぶ

保育者がハンカチのネズミを動かしながら、子どもと触れ合ったりおしゃべりをしたりして遊びます。

関わりのポイント
子どもがハンカチのネズミの手や足など、体に触りながらおしゃべりをすることで、ふれあいあそびを楽しむことができます。

先生と一緒

季節	保育者数	準備
いつでも	一人から	かんたん

用意するもの
- 色画用紙、カッターナイフ

準備しておくこと
- 子どもの足の大きさより、少し大きめのだ円の紙を用意します。足を入れられるように、カッターナイフで切れ目を入れておきます。

5つの領域をCheck!

遊び方

切れ目の部分に足を入れ、スリッパ風にして遊ぶ

手作りのスリッパで室内を歩いたり、おままごとをしたりして遊びます。

関わりのポイント スリッパなので、走ることは想定せず、狭い場所で遊べるようにします。

関わりのポイント 床が滑りやすいときは、滑りにくい紙の素材にするなど、考えて作成します。

あそびが広がるポイント
一度壊れたら、次に作成するときにシールを貼ったり、スタンプ押しをして模様を付けた後に遊ぶと、作った物への愛着がうまれ、大切にしようとする気持ちが芽生えます。

小さな砂場

季節	保育者数	準備
いつでも	一人から	しっかり

用意するもの
- タイヤ、ブルーシート、スコップ、れんげ型スコップ、バケツ、砂

準備しておくこと
- タイヤにブルーシートを広げて、穴の中に砂を入れます。

5つの領域をCheck!

養護／健康／人間関係／環境／言葉／表現

第1章 ふれあいあそび

遊び方

タイヤの砂場で砂あそびをする

一人ずつ砂に触れたり、すくったりして遊びます。

関わりのポイント
歩行が完成していない子もタイヤに寄り掛かると、長い時間あそびに集中できます。

あそびが広がるポイント
カップや型など砂を詰めたり、すくったりする用具を増やすなど、あそびが広がる工夫をしてみましょう。

まねして遊ぼう

季節	保育者数	準備
いつでも	一人から	なし

用意するもの
● 絵本

準備しておくこと
● なし

遊び方

絵本に描いてある擬音をまねして遊ぶ

保育者は擬音が多い絵本を選び、子どもと一緒に声を出してまねっこをして遊びます。

関わりのポイント
保育者は子どもと一緒に、絵本に出てくる動きもまねしてみましょう。

あそびが広がるポイント
子どもの表現を受け止めて、一緒に楽しみます。

のぼってのぼってたかいたかい

季節	保育者数	準備
いつでも	一人から	なし

用意するもの	準備しておくこと
● イス	● なし

第1章 ふれあいあそび

遊び方

子どもが保育者の足を登ったり、たかいたかいをしたりする

子どもがイスに座る保育者の体の上を登ったあと、保育者が子どもをたかいたかいして遊びます。

関わりのポイント
保育者は子どもの両脇に手を入れて、たかいたかいします。

関わりのポイント
たかいたかいの他にも、両足を斜面のように伸ばし、滑り台に見立てて滑ることも楽しめます。

あそびが広がるポイント
子どもの表情を見ながら、動きに変化をつけるなど、触れ合う時間を大切にしましょう。

いっぱいひっぱれ

季節	保育者数	準備
いつでも	一人から	かんたん

用意するもの
- パスタボックス、シフォンスカーフ

準備しておくこと
- シフォンスカーフの端同士を結んでつなげ、パスタボックスに入れておきます。

5つの領域をCheck!
養護／健康／人間関係／環境／言葉／表現

遊び方

パスタボックスから出ているシフォンスカーフを引き出して遊ぶ

子どもはシフォンスカーフの端を引っ張り、最後の一枚が出てくるまで引き出して遊びます。

関わりのポイント
保育者はパスタボックスの両端を持ち、「ひっぱれひっぱれ！」と声を掛けましょう。

あそびが広がるポイント
はじめはシフォンスカーフの長さを短めにして、少しずつ長くしたり、中に入れる物を変えたりするとよいでしょう。

コロコロお散歩

季節	保育者数	準備
いつでも	一人から	かんたん

用意するもの
- コロコロクリーナー（本体）、ミルク缶

準備しておくこと
- ミルク缶を洗って乾かしておきます。

5つの領域をCheck!

遊び方

コロコロクリーナーを使って、ミルク缶を転がしながら、保育室内を散歩して遊ぶ

子どもが、コロコロクリーナーでミルク缶を転がしながら歩きます。

関わりのポイント
保育者は子どもに「どちらにおでかけですか」と聞きます。見立てあそびをすることで子どもの意欲を高めることができます。

あそびが広がるポイント
ミルク缶のように大きな物に加えて、クラフトテープやラップの芯などを増やしても楽しむことができます。

第1章 ふれあいあそび

第 2 章

からだあそび

自分なりに遊ぶことが楽しい時期です。
楽しさを感じる中で、からだを動かすことができるよう、
子どもの育ちを捉えながら、
いろいろなあそびに挑戦してみましょう。

> ここがおすすめ！

一人で歩くこと、走ることは「からだを動かすあそび」そのものです。自分で移動できる喜びや好奇心を充分に満たせる、やり方や決まりのない、からだを動かすあそびをたくさん経験させてあげたい時期です。

> ここがおすすめ！

段差の昇り降りや障害物をまたぐことができるようになります。また、つまんだり、めくったりといった微細な動きも可能になります。保育者とともに、ときには見守られながら伸び伸びと自分なりにからだを動かすあそびが大切な時期です。

手作りパズル

季節	保育者数	準備
いつでも	一人から	しっかり

用意するもの
- 四角いお菓子の箱4つ、パズルのイラスト6種類

準備しておくこと
- イラストを4つに切り分けて、箱のそれぞれの面に貼ります。

遊び方

転がしたり、並べて遊ぶ
手の力や、指の力を使ってパズルを転がしたり、並べたりして遊びます。

関わりのポイント
最初は並べると電車の形になるなど、簡単なものから始めると子どもが想像しやすいのでよいです。

あそびが広がるポイント
並べたり、積んだりして遊ぶ姿を見守りましょう。箱の中にパズルと同じ絵を貼っておくと、絵を完成しやすくなります。

シール貼ったり剥がしたり

季節	保育者数	準備
いつでも	一人から	なし

用意するもの
● 画用紙、シール

準備しておくこと
● なし

第2章 からだあそび

遊び方

シールを貼ったり剥がしたりして遊ぶ

子どもが画用紙に、好きな色や形のシールを自由に貼って遊びます。

関わりのポイント
あらかじめ、シールの端に軽く折り目をつけておくと、子どもが台紙からシールを剥がしやすくなります。

あそびが広がるポイント
子どもの成長や発達に合わせてシールの大きさを変えたり、台紙から剥がしやすいように折り目を付けるのをやめておきます。

雨が降ってきた

季節	保育者数	準備
いつでも	複数で	なし

用意するもの
● 布、カラーボール

準備しておくこと
● なし

遊び方

1 ボールを乗せる

子どもが布の上にボールを乗せて遊びます。

2 下から布をたたく

布の上にボールをたくさん乗せたら、子どもたちが下からたたいて遊びます。

関わりのポイント
保育者が布を揺らしてボールを落としても楽しむことができます。

あそびが広がるポイント
全てのボールが落ちたら、布の位置を下げて子どもたちにボールを乗せるように促し、それを繰り返します。

箱から箱へお引っ越し

季節	保育者数	準備
いつでも	一人から	なし

用意するもの
- 子どもが入れる大きさの箱

準備しておくこと
- なし

第2章 からだあそび

入ったり出たりして遊ぶ

子どもが箱から箱に、入ったり出たりするのを繰り返して遊びます。

関わりのポイント
子どもが箱から箱へ移動できるよう、保育者は幾つかの箱を用意しておきます。

「入れたねー」

あそびが広がるポイント
子どもの歩行が安定した後は、自分の好きな玩具を持ち込み、一人の空間でじっくり遊ぶ姿が見られます。そんなときは、箱が倒れないように壁に片面を付けて見守ります。

先生来て来て〜追いかけっこ

季節	保育者数	準備
いつでも	一人から	なし

用意するもの
● なし

準備しておくこと
● なし

5つの領域をCheck!
健康／人間関係／環境／言葉／表現／養護

遊び方

追いかけっこをして遊ぶ

保育者と追いかけっこをして遊びます。

「捕まえた！」

関わりのポイント
保育者は、「捕まえた！」や「待て待て〜」などと言いながら子どもを追い掛けます。

「待て待て〜」

関わりのポイント
遊ぶときは、子どもが思い切り動けるよう広い場所を選びます。

あそびが広がるポイント
子どもが捕まえてほしいのか、追い掛けてほしいのか様子を見ながら、動きを変えましょう。

ビリビリしちゃうぞ！

季節	保育者数	準備
いつでも	複数で	なし

用意するもの
● 新聞紙

準備しておくこと
● なし

第2章 からだあそび

遊び方

新聞紙を突いて破ったり、穴を広げて遊ぶ

保育者が持った新聞紙を、子どもが破れるまで突いて遊びます。

関わりのポイント
保育者は「パーンチ！」などと声掛けをしたり、新聞紙が破れたら驚く姿を見せたり褒めたりして子どもと関わります。

ビリビリできたね！

あそびが広がるポイント
破れた穴から子どもが顔や足を出したり、指先を使って新聞紙ちぎりに発展させます。

一緒にまてまて〜

季節	保育者数	準備
いつでも	一人から	なし

用意するもの
● ボール

準備しておくこと
● なし

遊び方

ボールを転がして遊ぶ

保育者が転がすボールを子どもが追い掛けて遊びます。

関わりのポイント
「ボールさん待て待て〜」などと言いながら、保育者も一緒に追い掛けます。

あそびが広がるポイント
子どもの歩行が安定してきたら、捕まえたボールを箱などに運んで入れるように誘ってみましょう。

ビニール風船で遊ぼう

季節	保育者数	準備
いつでも	複数で	しっかり

用意するもの
- 30ℓのポリ袋、風船

準備しておくこと
- ポリ袋の中に風船を3個ほど入れて膨らませ、口を数回ねじってくくります。

第2章 からだあそび

作り方

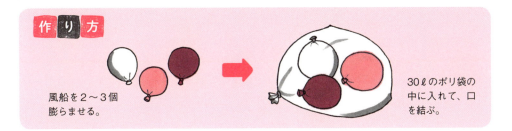

風船を2〜3個膨らませる。

30ℓのポリ袋の中に入れて、口を結ぶ。

遊び方

体をたくさん使って遊ぶ

ポリ袋を転がす、手ではじく、追い掛ける、タッチする、キックするなど、様々な動きで遊びます。

関わりのポイント
体をたくさん動かして遊んだ後は、座って、ポリ袋の中から風船の出し入れをするのも楽しめます。

タッチ！

季節	保育者数	準備
いつでも	複数で	しっかり

用意するもの
● ひも、スポンジ、輪ゴム

準備しておくこと
● スポンジの真ん中を2cm程度残して切り込みを入れます。それを3つ重ねて、真ん中を輪ゴムで3回巻きます。できたボールをひもに付けてつるします。

5つの領域をCheck!
健康／人間関係／環境／言葉／音楽／養護

作り方

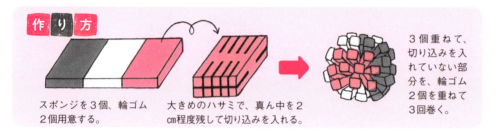

スポンジを3個、輪ゴム2個用意する。

大きめのハサミで、真ん中を2cm程度残して切り込みを入れる。

3個重ねて、切り込みを入れていない部分を、輪ゴム2個を重ねて3回巻く。

遊び方

タッチして遊ぶ

子どもがつるされたボールをタッチして遊びます。

関わりのポイント
少しずつボールの位置を高くすることで、子どもの意欲を高めることができます。

関わりのポイント
タッチして遊んだ後は、位置を低くして四つばいでぶつからないように歩いたり、四つばいのままタッチをして遊び、ハイハイを促します。

行ってきます

季節	保育者数	準備
いつでも	一人から	なし

用意するもの
- キルティングなどで作ったバッグ、お手玉やボール、玩具など

準備しておくこと
- なし

遊び方

1 バッグに物を入れて遊ぶ

子どもがバッグに玩具などを入れ、持って歩きます。

関わりのポイント
あまり重量のある物を入れると子どもがバランスを崩してしまうので、保育者は中に入れる物に注意します。

2 お出掛けのまねをして遊ぶ

子どもが保育者とやり取りをしながら、お出掛けのつもりで歩いて遊びます。

関わりのポイント
保育者は「行ってらっしゃい」「お帰りなさい」などと言葉を掛けます。

あそびが広がるポイント
はじめは口が開いたバッグを用意するなど、いろいろなバッグを置くとよいでしょう。

そーっとくぐってね

季節	保育者数	準備
いつでも	複数で	かんたん

用意するもの
- 新聞紙

準備しておくこと
- 新聞紙の真ん中に、子どもがくぐり抜けられるほどの穴を開けます。

遊び方

くぐって遊ぶ

保育者が新聞紙の両端を持ち、子どもが穴をくぐって遊びます。

関わりのポイント　破れたら新しい新聞紙と交換します。

関わりのポイント　保育者も混ざって遊ぶことで、子どもたちの自信につなげることができます。

あそびが広がるポイント
歩行が安定しない子や、くぐるのに不安を抱く子には、下まで紙を破いておき、トンネルのようにして援助すると安心できます。

ふわふわきれいだね

季節	保育者数	準備
いつでも	一人から	しっかり

用意するもの
- 厚紙または段ボール板、ビニールテープ、ポリ袋、キラキラテープや紙テープ

準備しておくこと
① 円形に切った厚紙（段ボール板）に指が入る穴を開けてうちわを作ります。
② ポリ袋の中に小さく切ったテープを入れて膨らませておきます。

遊び方

ポリ袋を追い掛けて遊ぶ

ポリ袋をうちわであおいで浮かばせます。浮かんだポリ袋を子どもが追い掛けて遊びます。

関わりのポイント
手作りの物で遊ぶことは、低年齢の子どもにとって楽しい経験になります。

あそびが広がるポイント
子どもに作るところから見せて期待させることで、より一層触れてみようという気持ちになります。

歩いたりハイハイしよう

季節	保育者数	準備
いつでも	複数で	しっかり

用意するもの
- マット、巧技台(とび箱の頭部)、踏切板2個

準備しておくこと
- マットの上に、巧技台(とび箱の頭部)と踏切板2個を組み合わせた斜面をつくります。

遊び方

マットの上で遊ぶ

マットの上で、保育者と子どもが一緒にハイハイしたり、手をつないで歩いたりして遊びます。

2 斜面の感覚を楽しむ

子どもが一人で、巧技台や踏切板の上をハイハイしたり歩いたりして、斜面の感触を楽しみます。

関わりのポイント
少し斜面のついた場所をハイハイしたり歩いたりすることは、子どもにとって楽しい刺激になります。

あそびが広がるポイント
片面を壁に付けて、壁に触れながら歩行を促すと、安心して一人で取り組めます。

よいしょよいしょ箱あそび

季節	保育者数	準備
いつでも	一人から	しっかり

用意するもの
- 段ボール箱、クラフトテープ

準備しておくこと
- 段ボール箱の蓋を内側に折り込み、クラフトテープで留め、布などを貼って覆います。

5つの領域をCheck!

第2章 からだあそび

遊び方

段ボール箱を押したり、中に入ったりして遊ぶ

ひっくり返した段ボール箱を子どもが押して歩いたり、段ボール箱の中に入って保育者が押したりして遊びます。

関わりのポイント
場所によっては、段ボール箱が引っ掛かったり滑りすぎたりして危険な場合もあるため、事前に具合を確認しておきます。

あそびが広がるポイント
箱が軽くて押したときに前方が上がってしまったら、中に好きな玩具やぬいぐるみを入れると、あそびが発展し、箱も安定します。

ひらひらたのしいね

季節	保育者数	準備
いつでも	一人から	かんたん

用意するもの
- 広告チラシ、紙テープ

準備しておくこと
- 広告チラシを細く丸めて、先に50cmくらいの紙テープを付けます。

遊び方

リボンで遊ぶ

子どもが保育者と一緒に、音楽に合わせてリボンを振ったり回したりヒラヒラさせたりして遊びます。

関わりのポイント
保育者がリボンを作るところから見せてあげると、子どもはリボンに興味をもち、出来上がるのをワクワクしながら待ちます。

あそびが広がるポイント
子どもたちの好きな動物をリボンの先に付けると楽しみが広がります。

ボックスポットンあそび

季節	保育者数	準備
いつでも	一人から	しっかり

用意するもの
- プレゼントボックス、積み木、ビニールテープ、カッターナイフ

準備しておくこと
- プレゼントボックスの蓋や側面に積み木に合わせた形の穴を開けます。切り口が粗い場合はビニールテープで保護をしておきます。

遊び方

穴に積み木を入れて遊ぶ

子どもが、プレゼントボックスに開けた穴に積み木を入れて遊びます。

関わりのポイント
子どもが積み木をうまく穴に入れられず、かんしゃくを起こしてしまったときは、少しだけ手を貸したり声掛けをしたりすることで試行錯誤につなげます。

あそびが広がるポイント
子どもがうまく入れられないときは無理をせず、その子の得意な形をたくさん集めておくと、達成感を味わうことができます。

洗濯バサミを外して遊ぼう

季節	保育者数	準備
いつでも	一人から	かんたん

用意するもの
● 金網、洗濯バサミ

準備しておくこと
● 金網にたくさんの洗濯バサミを付けておきます。

遊び方

指で洗濯バサミをつまんで遊ぶ

洗濯バサミを金網から外して遊びます。

関わりのポイント
この時期の子どもたちは、外して遊ぶことを楽しむので、保育者は「とれたね」と受け止めてあげましょう。

あそびが広がるポイント
保育室に2か所ほど、金網をかけて遊べるスペースがあると、一人ひとりがゆったりと遊ぶことができます。

コロコロころがしあそび

季節	保育者数	準備
いつでも	一人から	しっかり

用意するもの
- 巧技台（とび箱の頭部）、踏切板、玩具の自動車

準備しておくこと
- 巧技台（とび箱の頭部）と踏切板で、斜面のコースを作ります。

第2章 からだあそび

遊び方

1 斜面に自動車を走らせて遊ぶ

用意した斜面のコースに自動車を走らせて遊びます。

関わりのポイント
最初に保育者がお手本を見せると、子どもは興味を持ち、何回も繰り返して遊びます。

2 自動車をいろいろな方向に走らせて遊ぶ

自動車を前向きや後ろ向きで走らせたり、斜面の下から登らせて遊びます。

関わりのポイント
保育者は大きな危険やトラブルがない限り、子どもが遊ぶ様子を見守ります。

あそびが広がるポイント
道路に見立てて線をテープで張ると、それを意識して動かすようになります。

ながいながい

季節	保育者数	準備
いつでも	一人から	かんたん

用意するもの
- 同じ長さに切ったホース、太めのひも、木工用接着剤

準備しておくこと
- ひもの先端の3〜5cmぐらいを木工用接着剤で固めておきます。

遊び方

通して遊ぶ

子どもがホースをひもに通して遊びます。

関わりのポイント
子どもがホースを上手く通せない場合は、保育者が援助をして一緒に行ないます。

あそびが広がるポイント
あそびの様子を見ながら、色や長さの違う物を増やしてみるとよいでしょう。

ボールまてまて

季節	保育者数	準備
いつでも	一人から	かんたん

用意するもの
- 新聞紙、ビニールテープ、段ボール箱

準備しておくこと
- 子どもが丸めた新聞紙を保育者がビニールテープで巻き、ボールを作っておきます。

遊び方

1 転がしたり投げたりして遊ぶ

保育者から子どもに、ボールを転がしたり投げたりして遊びます。

関わりのポイント
子どもがボールをつかんだら、保育者は「〇〇ちゃん、ポーンして」と投げ返すように促します。

2 ボールを入れて遊ぶ

保育者が持つ段ボール箱に子どもがボールを入れて遊びます。

関わりのポイント
保育者は箱にボールが溜まってきたら、段ボール箱をひっくり返してボールを転がし、繰り返し遊べるようにします。

あそびが広がるポイント
ボールを洗面器やタライ、ビニールプールなどと一緒に用意したり、ボールを増やしてみましょう。

いっぱい入れよう

季節	保育者数	準備
いつでも	一人から	かんたん

5つの領域をCheck!
養護

用意するもの
- タッパー、ボトルキャップ、ビー玉、ビニールテープ、接着剤

準備しておくこと
① プラスチック容器の蓋に穴を開けます。
② ボトルキャップにビー玉を1個入れ、もう一つをかぶせてビニールテープで留めます。

作り方

ボトルキャップにビー玉を入れ、もう一つのボトルキャップをかぶせる。

2つを接着剤で留めて、さらにビニールテープで巻く。

遊び方

穴に入れて遊ぶ

子どもが穴の中にボトルキャップを入れて遊びます。タッパーの蓋は、後で子どもが開閉しやすい物を選びます。

関わりのポイント
保育者は子どもの様子を見守りながら、必要があれば手を添えるなどして関わります。

入ったね

お引越しポケット

季節	保育者数	準備
いつでも	一人から	しっかり

用意するもの
- ポケットを縫いつけた布、玩具やぬいぐるみ

準備しておくこと
- 布をしっかりと壁に貼り付けます。

5つの領域をCheck!
健康／人間関係／環境／養護／言葉／表現

第2章 からだあそび

遊び方

ポケットに玩具を出し入れして遊ぶ

子どもが、ポケットに玩具やぬいぐるみを入れて遊びます。

関わりのポイント
保育者が「お引っ越しだね」などと声を掛けると、子どもは嬉しそうに玩具の出し入れをします。

あそびが広がるポイント
自分の大切な物を移動させ、大事に扱うことで、これから先の片付けも楽しく取り組むことができます。

乗り物大好き

季節	保育者数	準備
いつでも	一人から	かんたん

用意するもの
- 乗用玩具

準備しておくこと
- 乗用玩具が通れるようなコースを作っておきます。

遊び方

1 押しながら遊ぶ

子どもが車を押しながら曲がったコースを歩いたり、友達が乗っている車を押したりして遊びます。

関わりのポイント
カーブのあるコースで上手く進めない場合は、保育者は子どもが直線のコースで楽しめるように配慮をします。

2 こぐ練習をしながら遊ぶ

左右の足を交互に動かす足こぎに挑戦します。

関わりのポイント
こぐという足の動きを少しずつ知っていけるように、子どもの様子に応じて保育者が援助をします。

あそびが広がるポイント
繰り返し遊び、自由自在に車を動かせるようになったら、床にテープで印を付けて、車庫のように見立てて遊ぶと片付けもあそびの中でできるようになります。

先生大好きジャンプ

季節	保育者数	準備
いつでも	一人から	なし

用意するもの
● 巧技台、マット

準備しておくこと
● なし

第2章 からだあそび

遊び方

体を浮かせて遊ぶ

保育者は子どもの両脇を支え、高さのある所から体を浮かせて下ろします。

関わりのポイント
保育者は子どもが段差のある場所を上り下りする姿を見られるようになったら、「ジャンプやってみる?」と言葉を掛けて行ないます。

関わりのポイント
子どもの怖がる様子が見られたら、体を浮かせる高さを低くしたり、いったんやめて様子を見たりして慎重に進めます。

あそびが広がるポイント
保育者と一緒に楽しさを感じることができると、進んで自分一人でやってみようとします。

階段上るのたのしいな

季節	保育者数	準備
いつでも	一人から	なし

用意するもの
● なし

準備しておくこと
● なし

遊び方

階段を上って遊ぶ

子どもは一段先に手を着いて、手元を見ながら上ったり、何にもつかまらず足下を見ながら上ったりします。

関わりのポイント
保育者は発達の個人差を考慮し、子どものペースを見て声を掛けたり、上った子のうれしさに共感してことばがけをします。

あそびが広がるポイント
園舎内の階段であれば、目標に向かって登れるように、数種類の動物の絵を貼っておくとよいでしょう。

入れて遊ぼう

季節	保育者数	準備
いつでも	一人から	しっかり

用意するもの
- 穴の開いた入れ物、フェルトを巻いた物、接着剤、縄跳び（ひも・ビニール）、プラスチックチェーン、やすり

準備しておくこと
- フェルトは半分に切って、巻いて接着剤で留めます。縄跳びは15cmほどの長さに切っておきます。入れ物を用意しておきます。

第2章 からだあそび

作り方

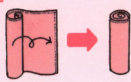
フェルトを半分に切り、巻いて接着剤で留める。

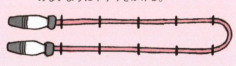
縄跳びを15cmほどの長さに切って、危険のないようにやすりをかける。

遊び方

穴の中に入れて遊ぶ

保育者は子どもが一人ずつで遊べるように、カゴに入れておきます。フェルトや縄跳びを容器に入れて遊びます。

関わりのポイント　入れ物の穴が大きいと入れやすく、狭いと狙って入れることになり、難しさが変わります。穴の大きさと入れるものを変えると、年間を通して遊ぶことができます。

関わりのポイント　ビニールの縄跳びを切ったときは、両方の切り口にビニールテープやセロハンテープを巻くとよいです。

関わりのポイント　同じ容器ではなく、様々な型の容器を使用することで、同じ素材でも集中する時間が延びます。

「入れられたね」

ファスナーがいっぱい

季節	保育者数	準備
いつでも	一人から	かんたん

用意するもの
- 段ボール板、ファスナー、木工用接着剤

準備しておくこと
- 段ボール板にファスナーを数本並べて接着剤で貼っておきます。

遊び方

開けたり閉めたりして遊ぶ

段ボール板に貼り付けてあるファスナーを、開けたり閉めたりして遊びます。

関わりのポイント
段ボールはひもで柵にくくり付けておき、子どもが興味を持って遊び始めるのを待ちます。

あそびが広がるポイント
ファスナーの持ち手にチェーンリングを付けるなどすると、遊びやすくなります。遊び慣れたら、ファスナーの長さを変えたり、縦に貼ってもよいでしょう。

いないいないカーテン

季節	保育者数	準備
いつでも	一人から	しっかり

第2章 からだあそび

用意するもの
- ジュースパック、新聞紙、布テープ、レースのカーテン

準備しておくこと
① ジュースパックでキューブ型の枠を作ります。
② レースのカーテンを付けます。

作り方

ジュースパックに新聞紙や牛乳パックを入れて口を閉じる。 → ジュースパックを3つつなげて1辺にする。 → 組み合わせて四角い形を作る。 → 入り口にカーテンを付ける。

遊び方

くぐって遊ぶ

子どもがレースのカーテンの中を、入ったり出たりして遊びます。

関わりのポイント

レースの他にも、布やスズランテープなど、様々な素材で仕掛けをつけることで、楽しいあそびの空間をつくることができます。

第3章 身近な素材のあそび

保育者にとってはなじみのある素材も、
子どもにとっては初めて出会うもの、
扱い慣れないものが多いでしょう。
子どもが手を伸ばす、触れる、いじる……それらすべてがあそびです。
一人ひとりの素材との出会いやあそびが変化していく様子を捉えて、
あそびの楽しさを感じられるような援助をしましょう。

ここがおすすめ！

「身近」という言葉はよく使いますが、どの範囲が身近なのかという定義は難しいものです。その素材の特性をよく知り、どんな楽しさやおもしろさがあるのか、子どもにどのような経験をしてほしいのか、保育者間で話し合ってみましょう。

ここがおすすめ！

自我が芽生え、拡大する時期には、自己主張も強くなります。他の子どもに貸したくないという気持ちの裏側には、「自分の物が大切に感じられる」という気持ちが育っているといえます。素材にこだわって市販のステキな玩具が一つしか揃えられないよりも、手作りの玩具が複数ある方が、子どもにとっては幸せという考えもあります。市販と手作りのどちらかではなく、子どもの育ちと興味関心に合わせて環境として整えていきましょう。

道ができたよ

季節	保育者数	準備
いつでも	一人から	しっかり

用意するもの
● 厚紙、幅の広いマスキングテープ

準備しておくこと
① 厚紙を正方形に切ります。
② 厚紙にマスキングテープをイラストのように貼ります。

つなげて遊ぶ

マスキングテープが貼られた厚紙をつなげていき、道を作って遊びます。

関わりのポイント
長く並べるなど連続性のある行為を繰り返すことで、子どもがイメージを膨らませて、更にあそびが楽しくなります。

あそびが広がるポイント
マスキングテープの色や厚紙の色を変えると、分別を楽しめたり、あそびのイメージが広められたりします。

レンゲぐるぐる

季節	保育者数	準備
いつでも	一人から	なし

用意するもの
● レンゲ、ボウル、プラチェーン

準備しておくこと
● なし

遊び方

ぐるぐるとかき混ぜて遊ぶ

ボウルにプラチェーンを入れて、子どもがレンゲでかき混ぜて遊びます。

関わりのポイント
子ども同士であそびを模倣し合う時期なので、複数人で同じあそびに集中できるように、複数個を用意しておきます。

関わりのポイント
慣れてきたら、出し入れも楽しめるようにもう一つ容器を用意すると、あそびが展開します。

あそびが広がるポイント
かき混ぜる音にも興味がもてるように、静かな環境を設定し、プラチェーンの他に音の出る物を準備するとよいです。

ぴったり！

季節	保育者数	準備
いつでも	一人から	かんたん

用意するもの
● 製氷皿、丸シール、毛糸

準備しておくこと
● 製氷皿の底に丸シールを貼ります。
● 毛糸でポンポンを作ります。

5つの領域をCheck!
健康／人間関係／環境／言葉／表現／養護

遊び方

ポンポンを入れて遊ぶ

製氷皿のシールの色に合わせて、子どもが毛糸のポンポンを入れます。

> **関わりのポイント**
> 保育者は子どもがポンポンを誤飲する危険がないように、遊んだ後には数を確認するなど、チェックの徹底が必要です。

> **あそびが広がるポイント**
> 大きめの氷ができる製氷皿を用意し、出し入れが簡単にできるようになったら、小さめの氷ができる製氷皿に変えて、細やかな作業がじっくりできるようにします。

扉を開けたり閉めたり

季節	保育者数	準備
いつでも	一人から	しっかり

用意するもの
- 木の箱、鍵、写真やイラスト

準備しておくこと
- 木の箱の扉にいろいろな種類の鍵を取り付けます。その中に写真やイラストを貼っておきます。

遊び方

開けたり閉めたりして遊ぶ

扉に付いている鍵を触ったり、開けたり、閉めたりして遊びます。

関わりのポイント
最初はなかなか鍵を開けられなくても、子どもが触っているうちに、開けられるようになります。

あそびが広がるポイント
箱の中に貼っているイラストや写真を、定期的に変えるといつも楽しめます。

引っ張ってみよう

季節	保育者数	準備
いつでも	一人から	しっかり

用意するもの
- 段ボール板、布、太めの綿ロープ、きり

準備しておくこと
- 段ボール板に布を貼り、穴を開け、綿ロープの両端を裏から通します。綿ロープの両端は固結びをしておきます。

作り方

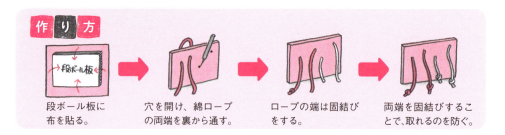

段ボール板に布を貼る。 → 穴を開け、綿ロープの両端を裏から通す。 → ロープの端は固結びをする。 → 両端を固結びすることで、取れるのを防ぐ。

遊び方

引っ張って遊ぶ

ロープの端をつかんで、引っ張って遊びます。

関わりのポイント
長くなったり、短くなったりの不思議を感じられたら共感して、「長いね」「短いね」と言葉で表現します。

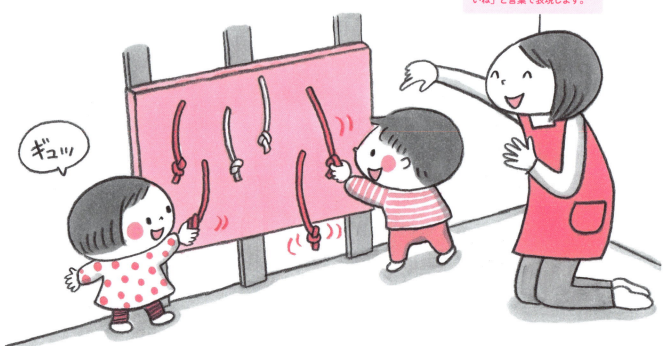

ころころお山

季節	保育者数	準備
いつでも	一人から	かんたん

用意するもの
● 布団

準備しておくこと
● 子どもたちの布団を重ねて、山の形にします。

遊び方

登って遊ぶ

布団の山に登って遊びます。

関わりのポイント
保育者は子どもの動きに注意し、子どもから目を離さないようにします。無理強いはせず、子どものペースに合わせます。

あそびが広がるポイント
他の粗大あそびの教材と組み合わせてみましょう。

いろいろ散歩道

季節	保育者数	準備
いつでも	一人から	しっかり

用意するもの
● 新聞紙、ポリ袋、プチプチシート、布団、バスマットなど

準備しておくこと
● いろいろな感触の物を用意します。

遊び方

感触を楽しみながら歩く

子どもはいろいろな感触を楽しみながら歩きます。

関わりのポイント
保育者は「ふかふかだね」など、感触を言葉にして伝えることで、子どもの発語への興味を高めていくことができます。

よいしょ！

あそびが広がるポイント
狭い範囲だと子どもたちが集まって危険です。いろいろな姿勢で遊ぶことができるように、環境を広めに設定するとよいでしょう。

見えたよ見えた

季節	保育者数	準備
いつでも	一人から	しっかり

用意するもの
- カラー工作紙、カラーセロハン

準備しておくこと
- 2枚のカラー工作紙の中心を丸型にくり抜きます。工作紙の間にカラーセロハンを挟み、貼り合わせます。

5つの領域を Check!

遊び方

セロハン越しに見て遊ぶ

子どもは保育者が準備した、カラーセロハンを付けた工作紙を手に取ってのぞいて、色の付いている世界を見て遊びます。

関わりのポイント
いつも見ている世界に色が付くことで、様々な表現をしたら、それを言語化して気持ちを共有するようにしましょう。

あそびが広がるポイント
カラーセロハンは数色用意し、重ねたときの色の不思議さを感じることができると楽しめます。

お散歩風船

季節	保育者数	準備
いつでも	一人から	かんたん

用意するもの
- 風船、紙テープ

準備しておくこと
- 風船を膨らませ、紙テープを付けておきます。

5つの領域をCheck!
養護／健康／人間関係／環境／言葉／表現

遊び方

1 引っ張って遊ぶ

わーいフウセン！

保育者が膨らませた風船に紙テープを付け、子どもは風船や紙テープを引っ張って遊びます。

関わりのポイント
風船に空気を入れすぎると引っ張って遊ぶときに割れやすいので、ゴムにゆとりがある程度に膨らませます。

2 見立て遊びを楽しむ

おさんぽみたいね

子どもは犬などの動物に見立てた風船を引っ張りながら、歩いたり、走ったりして遊びます。

関わりのポイント
「行ってらっしゃい」や「バイバイ」など、日常会話を繰り返し楽しみます。

あそびが広がるポイント
紙テープを引っ張るだけでなく、風船のほうに付けると走ったときに浮き上がり、それに気付くとたくさん走りたくなります。

ぼくのわたしのカバン

季節	保育者数	準備
いつでも	一人から	しっかり

用意するもの
- ジュースパック、スズランテープ、モール

準備しておくこと
- ジュースパックを半分に切ります。側面2か所に穴を開け、スズランテープまたはモールで持ち手をつけます。

遊び方

1 バッグを持って遊ぶ

手作りのバッグを腕に掛け、お出掛けをしているつもりで遊びます。保育者は必要に応じてバッグの数を増やしたり、減らしたりして調節します。

関わりのポイント
あらかじめ置き場所を決めておくことで、子どもはいつでも自由に取ってあそびを行なうことができます。

2 おもちゃを入れて運ぶ

中に物を入れて、持ち運んで遊びます。

関わりのポイント
中に入れて遊べる物をバッグと一緒に置いておきます。

「何が入っているの？」

あそびが広がるポイント
室内だけでなく戸外にも持っていくと、気になる物を集めたり、観察したりとあそびが広がります。

お絵描き

季節	保育者数	準備
いつでも	複数で	かんたん

用意するもの
- テーブルクロスや新聞紙、白い紙、太めのクレヨン

準備しておくこと
- 模造紙の下に新聞紙を敷くなど、汚さないようにしておきます。

5つの領域をCheck!

遊び方

模造紙にお絵描きをして楽しむ

子どもが模造紙にクレヨンで自由に絵を描いて遊びます。

関わりのポイント
保育者も一緒に絵を描きながら、ことばがけをしてイメージがもちやすいようにします。

おえかきしてるの？

あそびが広がるポイント
子どもがなかなか描き始めないときは、保育者が隣に描くと、安心して描き始めます。

ぱっちんしてみよう

季節	保育者数	準備
いつでも	一人から	かんたん

用意するもの
- ボール紙、フェルトペン、洗濯バサミ、ハサミ

準備しておくこと
- ボール紙にライオンや花の絵を描き、丸く切っておきます。

遊び方

洗濯バサミを挟んで遊ぶ

子どもが絵の周りに洗濯バサミを挟んで見立てあそびを楽しみます。

関わりのポイント
はじめは付けるよりも、外して遊ぶことが多いでしょう。保育者は子どもの様子を見ながら援助しましょう。

あそびが広がるポイント
洗濯バサミは子どもの力で外したり、付けたりすることができるか、あらかじめ確認しましょう。また、洗濯バサミを色別にしておくと、片付けもしやすくなります。

いろいろシールあそび

季節	保育者数	準備
いつでも	一人から	かんたん

用意するもの
- 丸などのシール、色画用紙、ハサミ

準備しておくこと
- 色画用紙は花などの形に切ります。

遊び方

シールを貼って遊ぶ

シールを剥がして画用紙に貼って遊びます。

関わりのポイント
シールを剥がすことが難しい場合は、保育者が角を少し剥がしてあげるなどして、あそびのきっかけを作ります。

あそびが広がるポイント
土台になる紙やシールはふんだんに用意しておきますが、遊ぶときには関心を寄せた子どもから少人数で始めるようにしましょう。

ジュースパック積んじゃおう

季節	保育者数	準備
いつでも	一人から	しっかり

用意するもの
- ジュースパック（1ℓ）、透明テープ

準備しておくこと
① ジュースパックはよく洗い、乾燥させておきます。
② ジュースパックの積み木を作ります。

作り方

 → → →

- ジュースパックの底の部分と口の部分を、同じ方向に折る。
- ジュースパックの中につぶしたジュースパックを入れる。
- 口の部分を折ってテープで留める。
- できた物を2つ重ねる。

遊び方

積んで遊ぶ

ジュースパックの積み木を並べたり、積み上げたりして遊びます。

「ここにどうぞ」

関わりのポイント
ただ並べたり、積み上げたりするだけの遊びから、電車や家、動物などに見立てて遊ぶようになります。保育者は、子どもの取り組みを認めて、共感したことを言葉で表現すると伝わります。

関わりのポイント
見立てることが多くなってきたら、ジュースパックに画用紙を貼ったり、500mlのジュースパックを使用するなどすると、あそびが広がります。

トングで遊ぼう

季節	保育者数	準備
いつでも	一人から	なし

用意するもの
- 小型トング、積み木またはブロック

準備しておくこと
- なし

遊び方

つかんで遊ぶ

子どもが積み木やブロックを小型トングでつかんで遊びます。

関わりのポイント

はじめはトングを持つことが楽しくて、挟んで遊ぶ楽しさに気付くのは少し先という子どももいます。ゆっくりと見守りましょう。

あそびが広がるポイント

トングは短く、子どもの力でも開け閉めしやすい物を選ぶとよいでしょう。持ち手や先端がシリコンでできている物だと安全です。

新聞のお風呂で遊ぼう

季節	保育者数	準備
いつでも	複数で	なし

用意するもの
- 新聞紙、ビニールプールや段ボール箱

準備しておくこと
- なし

5つの領域をCheck!
養護／健康／人間関係／環境／言葉／表現

遊び方

お風呂ごっこで遊ぶ

ちぎった新聞紙をビニールプールなどに入れて、お風呂ごっこをして遊びます。

関わりのポイント
子どもが新聞をいじったり、触ったりして遊ぶことができるように、充分な量を準備しましょう。新聞紙も大切な教材です。雑に扱うことのないようにしましょう。

あそびが広がるポイント
洗面器や湯おけ、袋などを準備すると、すくったり積めたりして遊ぶことができます。

ジュースパックの乗り物

季節	保育者数	準備
いつでも	一人から	しっかり

用意するもの
- ジュースパック、クラフトテープ

準備しておくこと
① ジュースパックにジュースパックを折り畳んだ物を詰めます。
② 組み立てて乗り物を作ります。

5つの領域をCheck!
健康／人間関係／言葉／音楽／環境／養護

作り方

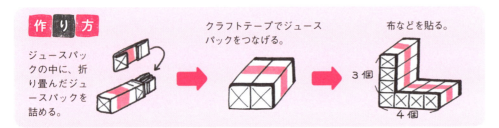

ジュースパックの中に、折り畳んだジュースパックを詰める。 → クラフトテープでジュースパックをつなげる。 → 布などを貼る。3個／4個

遊び方

乗り物に乗って遊ぶ

ジュースパックで作った乗り物に乗って遊びます。

> **関わりのポイント**
> 保育者があらかじめ床にビニールテープなどで道を作っておくことで、子どもは乗り物に乗って走ることをより楽しむことができます。

> **関わりのポイント**
> 乗って足を前後に動かすのが難しいときは、押してあげ、コツがつかめたらそばで見守ります。

いろいろスロープ

季節	保育者数	準備
いつでも	一人から	しっかり

用意するもの
- ペットボトル複数個、ビニールテープ、結束バンド、段ボール板、転がす物（ボール・車の玩具・ガチャポンケースなど）

準備しておくこと
① ペットボトルに穴を開け、つなげた物を壁に付けてスロープを作ります。
② 切り口はビニールテープでカバーしておきます。

遊び方

いろいろな物を転がして遊ぶ

ペットボトルのスロープに、いろいろな物を転がして遊びます。

「コロコロしたね〜」

関わりのポイント
保育者は、ペットボトルを結束バンドで段ボール板にしっかりと取り付け、子どもたちが十分に楽しめるようにします。

あそびが広がるポイント
単純な動きに飽きてきたら、複数の方向からボールを入れられるようにペットボトルを増やすと、より楽しさが広がります。

第3章 身近な素材のあそび

くるくるはめよう

季節	保育者数	準備
いつでも	一人から	かんたん

用意するもの
- 蓋付きの容器、段ボール板、色画用紙や布など

準備しておくこと
- 容器の蓋を段ボール板に固定しておきます。

5つの領域を Check!
養護／環境／健康／人間関係／言葉／表現

遊び方

容器をひねったり、つまんで回して遊ぶ

容器をひねったりつまんだりして、開け閉めを楽しみながら遊びます。

関わりのポイント
保育者は子どもが容器を持ち運んでしまわないように、幾つかの容器の蓋を1つの段ボール板に固定しておきます。

あそびが広がるポイント
床に置いてできるようになったら、壁掛けにして立って取り組めるようにすると、また違った目線で楽しめます。

カラフルペットボトル

季節	保育者数	準備
いつでも	一人から	しっかり

用意するもの
- 食紅、乳酸菌飲料のボトル、空き箱

準備しておくこと
- 色水を乳酸菌飲料のボトルに入れ、蓋をして、テープなどで保護します。
- 乳酸菌飲料のボトルの数は偶数個準備しておきます。

遊び方

並べたり、集めて運んだりして遊ぶ

色水が入った小さい乳酸菌飲料のボトルを使って遊びます。

関わりのポイント
空き箱を用意することで、子どもがお気に入りの物を集めて入れたり、まとめて運んだりすることができます。

あそびが広がるポイント
色を変えたり、中にビー玉などを入れたりすることで、並べたり、箱への入れ方を考えたりして、取り組むようになります。

たたいて遊ぼう

季節	保育者数	準備
いつでも	一人から	しっかり

用意するもの
- 大きめのタッパー、スプーン（握る部分が太めの物）、紙粘土、布テープ

準備しておくこと
① 大きめのタッパーに布テープを貼ります。
② 握る部分が太めのスプーンに丸い紙粘土を付けてバチにします。

遊び方

太鼓をたたいて遊ぶ

作った太鼓をスプーンのバチでたたいて遊びます。

> **関わりのポイント**
> 保育者が最初に太鼓をたたく見本を見せることで、子どももまねして楽しく遊ぶことができます。

あそびが広がるポイント
太鼓をたたく楽しさが分かったら、たたいてもよい物を見つけて一緒にたたいてみましょう。音の違いや物への興味が広がります。

貼って遊ぼう

季節	保育者数	準備
いつでも	一人から	かんたん

用意するもの
- マグネットシート、ホワイトボード

準備しておくこと
- マグネットシートを様々な形に切っておきます。

5つの領域をCheck!
養護／健康／人間関係／環境／言葉／表現

遊び方

マグネットシートを貼ったり剥がしたりして遊ぶ

子どもが壁に掛けられているホワイトボードに、マグネットを貼ったり剥がしたりして遊びます。

関わりのポイント
マグネットは、いろいろな色や形を用意しておくことがポイントです。

あそびが広がるポイント
貼ったり剥がしたりを存分に楽しめると、発想を広げて、形を並べ、見立てて遊ぶようになります。

第3章 身近な素材のあそび

お弁当作ろう

季節	保育者数	準備
いつでも	一人から	かんたん

用意するもの
- 食べ物の写真やイラスト、お弁当箱

準備しておくこと
- 食べ物の写真やイラストをラミネートしておきます。

5つの領域をCheck!

遊び方

見立てあそびを楽しむ

写真やイラストをおかずに見立てて、お弁当を作って遊びます。

関わりのポイント
リアル感がある食べ物の写真やイラストは、見立てあそびにぴったりな素材なので、子どもの食べ物へのイメージを広げることができます。

あそびが広がるポイント
子どもが分かりやすいように大きな写真やイラストを使用しますが、慣れてきたら、立体的な物を使うと、お弁当に詰めることがもっと楽しくなります。

フェルトをくっつけたり剥がしたり

季節	保育者数	準備
いつでも	一人から	かんたん

用意するもの
- フェルト、面ファスナー、スナップボタン

準備しておくこと
- フェルトの中心に面ファスナーを付けます。
- フェルトの端にスナップボタンを付けます。

5つの領域をCheck!
養護／健康／人間関係／環境／言葉／表現

遊び方

1 面ファスナーをくっつけたり剥がしたりして遊ぶ

フェルトに付けられた面ファスナーをくっつけたり、剥がしたりして遊びます。

> **関わりのポイント**
> 面ファスナーを剥がすときは、保育者が端を少しめくって渡すことで、子どもが自分で取りやすくなります。

2 スナップボタンをくっつけたり剥がしたりして遊ぶ

フェルトをスナップボタンでくっつけたり剥がしたりして遊びます。

> **関わりのポイント**
> お手玉などを包むことで、おにぎりやお団子に見立てて遊ぶこともできます。

あそびが広がるポイント
まずは保育者が付けた物を剥がす作業をたくさん楽しみ、その後、くっつけて長くすることもできます。

知ってるもの見えたよ

季節	保育者数	準備
いつでも	一人から	しっかり

用意するもの
- ハードクリアケース、マスキングテープ、絵

準備しておくこと
- ハードクリアケースの中に絵を挟んでおき、ハードクリアケースの上面にマスキングテープを貼り、中の絵を隠しておきます。

遊び方

隠れた絵を見つけて遊ぶ

マスキングテープを剥がして、どんな絵が隠れているかを見て遊びます。

関わりのポイント
保育者は一緒にテープを剥がしたり、子どもが何の絵が出るか期待をもってあそびを行なえるよう声掛けをしたりします。

あそびが広がるポイント
マスキングテープを剥がすことがすんなりできるようになったら、粘着力のあるビニールテープを使用するようにします。

ころりんクッション

季節	保育者数	準備
いつでも	一人から	かんたん

用意するもの
- お昼寝布団、ひも

準備しておくこと
- お昼寝布団をひもで固結びをしておきます。

5つの領域をCheck!
養護／環境／健康／人間関係／言葉／表現

遊び方

またがってハイハイして遊ぶ

子どもがクッションにまたがり、ハイハイをして進みます。

関わりのポイント
上体の姿勢が不安定な子には、保育者が安定した姿勢がとれるように支えるなど、子どもの育ちに応じた援助を行ないます。

のぼれたね〜

あそびが広がるポイント
登ったり、渡ったりするだけでなく、場を区切るなどあそびの環境の一部としても活用しましょう。

第3章 身近な素材のあそび

取れたよ取れたよ

季節	保育者数	準備
いつでも	一人から	かんたん

用意するもの
● ピンチハンガー、シフォンスカーフ

準備しておくこと
● シフォンスカーフをピンチハンガーにつるしておきます。

5つの領域を Check!
養護／健康／人間関係／環境／言葉／表現

遊び方

シフォンをひっぱって遊ぶ

つるしたシフォンスカーフを子どもがひっぱって遊びます。

あったね〜
ひっぱっても大丈夫よー

あった！

関わりのポイント
洗濯バサミは、子どもがひっぱって取りやすい物を用意します。

あそびが広がるポイント
全部取れたら、保育者が洗濯バサミを広げ、そこに子どもが布を入れるように、次の準備も一緒に楽しみます。

お出掛けしよう

季節	保育者数	準備
いつでも	一人から	かんたん

用意するもの
- ホース、ビニールテープ

準備しておくこと
- ホースを丸くしてカラーテープで留め、ハンドルを作ります。

5つの領域をCheck!

遊び方

ドライブごっこをして遊ぶ

ハンドルを握り、ドライブごっこをして遊びます。

関わりのポイント
「ブーブー」と声掛けをしたりして見立てあそびを盛り上げます。

関わりのポイント
保育者もハンドルを持ち、子どもに「おでかけですか？」と話し掛けて一緒に車に乗っている気分で楽しみます。

第3章 身近な素材のあそび

あそびが広がるポイント
室内だけでなく、戸外にも持ち出し、P.114のジュースパックの乗り物と一緒に使うと、楽しさが倍増します。

三角トンネル

季節	保育者数	準備
いつでも	一人から	かんたん

用意するもの
- 段ボール箱、クラフトテープ、色画用紙

準備しておくこと
① 段ボールを三角形におってクラフトテープで貼り合わせます。
② 外側に色画用紙を貼り付けます。

5つの領域をCheck!
健康／人間関係／環境／言葉／表現／養護

遊び方

隠れて遊ぶ

段ボール箱で作ったトンネルに隠れて遊びます。

関わりのポイント
「〇〇ちゃんどこかな?」「この足は誰かな?」など、保育者のことばがけであそびをより盛り上げることができます。

「どこかなぁー〇〇ちゃん」
「みーつけた!」
「ばぁ!」

あそびが広がるポイント
はじめは、入ったら頭がすぐに出てしまうような短い物を準備し、慣れてきたら長くしていくとよいでしょう。

くっつけたり剥がしたり

季節	保育者数	準備
いつでも	一人から	しっかり

用意するもの
- キルティングの布、面ファスナー、針、糸、ハサミ

準備しておくこと
- キルティングの布の端を縫い上げ、両端に面ファスナーを縫い付けます。

遊び方

つけたり剥がしたりを繰り返して遊ぶ

面ファスナーをつけたり剥がしたりして遊びます。

関わりのポイント
剥がれたりくっついたりする面ファスナーの特性を生かし、繰り返しの遊びにつなげます。

あそびが広がるポイント
面ファスナーの面積が広いと、貼ったり剥がしたりしやすくなります。遊び慣れてきたら、スナップの物を作ってもよいでしょう。

第3章 身近な素材のあそび

たかいたかい

季節	保育者数	準備
いつでも	一人から	かんたん

用意するもの
- ボトルキャップ、マスキングテープ、接着剤

準備しておくこと
- ボトルキャップを2〜3個接着剤でつなげておきます。

遊び方

重ねて遊ぶ

積み木の要領で、ボトルキャップを重ねて遊びます。

関わりのポイント
集めたり、積んだりする一人ひとりのあそびを見守りながら、状況や子どもが感じていることを言葉にしてみましょう。

あそびが広がるポイント
一人が使うおおよそのボトルキャップを、入れ物に入れていくつか用意しておくとよいでしょう。

水のお布団

季節	保育者数	準備
夏	一人から	しっかり

用意するもの
- 座布団用の布団圧縮袋2枚、布テープ、スパンコール、スチレン皿、油性フェルトペンまたはクレヨン、食紅

準備しておくこと
① スチレン皿に絵を描き、切り取ります。
② 圧縮袋に①とスパンコール、色水を入れて、口を閉じ、もう1枚の圧縮袋を被せます。

遊び方

手で感覚を楽しむ

手のひらでたたいて感触を楽しんだり、中の魚などの動きを見て楽しんだりしながら遊びます。

関わりのポイント
小さな袋で作ると、子どもが持ち上げたり抱えたりして、また違った楽しさを味わうことができます。

あそびが広がるポイント
様々な部位で感触を楽しめるように、嫌がらなければ足の上に載せたり、手を下に入れたりします。

第4章

自然あそび

自然とは、植物だけではなく水、風、光なども含んで考えると、
子どもが触れる自然は戸外とは限りません。
保育者が自然に目を向けて、
保育に積極的に取り入れようとすることが大切です。
自然物の種類と季節を意識して、保育を彩りましょう。

ここがおすすめ！

保育者の問い掛けを理解して、言葉や指さしで応じるようになってきます。そうした姿に続いて語彙が増えていきます。自然は急に風が吹いたり、水が思ったよりも冷たかったり、思い通りでないこともあそびの一つです。子どもが「伝えたい」「表現したい」と思う場面にたくさん出会うことができるのも自然のあそびのよさといえるでしょう。

ここがおすすめ！

力の調節をしながら遊ぶことができるようになります。自然物を摘むということができるようになり、入れ物に入れたり、他の物と組み合わせて遊ぶようになっていきます。保育者が遊び終えた物を飾ったり、大切に扱う姿を見せたりすることが、自然を大切にする気持ちを育んでいきます。

見て見て！ 好きなもの

季節	保育者数	準備
春	一人から	なし

用意するもの
- 容器（蓋のある箱や瓶、缶　など）

準備しておくこと
- なし

5つの領域を Check!

養護／健康／人間関係／環境／言葉／表現

遊び方

戸外で拾った物を見せて遊ぶ

子どもが戸外で好きな物を拾って容器に入れ、保育者に見せて遊びます。

関わりのポイント
保育者は子どもが拾った物に反応するなど、やり取りを楽しむことができるように声掛けを行ないます。

あそびが広がるポイント
一人ひとりの子どもの「大切にしたい」という気持ちを尊重できるように、箱や瓶に自分の物という目印を付けておくと、次の日も継続して取り組もうとします。

砂あそびをしよう

季節	保育者数	準備
春	複数で	なし

用意するもの
- ゼリーやプリンの空き容器、スコップ、バケツ

準備しておくこと
- なし

5つの領域を Check!
養護／健康／人間関係／環境／言葉／表現

遊び方

1 砂の感触を楽しむ

パラパラ〜

保育者は子どもの手に砂を落とすなどして、砂の感触を一緒に楽しんで遊びます。

関わりのポイント
保育者は「さらさらしているね」など、砂の感触を伝える声掛けをしたり、子どもが砂を口に入れないように注意します。

第4章 自然あそび

2 形を見て、崩して楽しむ

もう1個作る？　えいっ！

保育者は容器に砂を詰め、子どもの前でひっくり返して形を作ります。

関わりのポイント
保育者は作った物をたくさん並べて子どもに見せることで、子どもは砂の形に興味をもち、形を崩して楽しみます。

あそびが広がるポイント
子どもの造形に対する意欲は、崩すところからスタートします。様々な形をたくさん作り、たくさん崩すと次は自分で作ろうとする気持ちが育ちます。

初めての水あそび

季節	保育者数	準備
夏	一人から	しっかり

用意するもの
- タライ、テーブル、プリンカップ、レンゲ、ペットボトルやジュースの空きパック

準備しておくこと
- タライに水を張り、空き容器には幾つか穴を開けておきます。

5つの領域をCheck!
養護／健康／人間関係／環境／言葉／表現

遊び方

1 水をくみ出して遊ぶ

タライの水を、カップやレンゲを使ってくみ出して遊びます。

関わりのポイント
保育者は子どもが水の感触や心地よさなどを十分に楽しむことができるよう、一緒にあそびを行ないながらことばがけをします。

2 シャワーのように出てきた水で遊ぶ

空き容器に水をくみ、シャワーのように水を出して遊びます。

関わりのポイント
保育者がいろいろな容器を用意することで、子どもは水の出方の違いを見て楽しむことができます。

果物出てきたよ

季節	保育者数	準備
夏	一人から	しっかり

用意するもの
- ファスナー付きポリ袋、ジュースパック、ままごとの素材(中に水が入らない玩具)

準備しておくこと
- ファスナー付きのポリ袋やジュースパックに、水とままごとの素材を入れて凍らせておきます。

遊び方

冷たい感覚を楽しむ

玩具入りの氷を水に入れて、溶かして遊びます。

関わりのポイント
保育者は氷を溶かしているときに、水が冷たくなりすぎないように、お湯を入れるなどして調節をします。

あそびが広がるポイント
氷を水の外に出すと、冷たさをより一層感じ、硬さの不思議にも気付いていきます。

お水ぎゅー

季節	保育者数	準備
夏	一人から	かんたん

用意するもの
- スポンジ、水、洗面バケツ

準備しておくこと
- スポンジを握りやすい大きさに切ります。

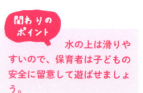
水の上は滑りやすいので、保育者は子どもの安全に留意して遊ばせましょう。

遊び方

スポンジで水あそびを楽しむ

スポンジに水を含ませて手で握ったり、足で踏んだりして遊びます。

あそびが広がるポイント
慣れてきたら、絵の具で少し色を付けるとあそびが広がります。

ドングリハウス

季節	保育者数	準備
秋	一人から	なし

用意するもの
- ドングリ、外からドングリが見える円形のクリアケース（平たい物、縦に積み重ねる物など）

準備しておくこと
- なし

5つの領域をCheck!
養護／健康／人間関係／環境／言葉／表現

遊び方

1 クリアケースにドングリを入れて遊ぶ

戸外で拾ってきたドングリをクリアケースに入れて遊びます。

関わりのポイント
子どもがドングリを入れやすいように、蓋を取っておくとよいでしょう。

第4章 自然あそび

2 ケースを振って遊ぶ

縦型ケースにドングリを入れたら、振って音を鳴らして遊びます。

♪どんぐりころころ〜
カシャ

関わりのポイント
保育者は子どもに合わせるように、ドングリハウスを一緒に振ったり、ゆっくりと『どんぐりころころ』の歌をうたってみましょう。

あそびが広がるポイント
ドングリを入れたり、音楽をかけて振って遊んだ後は、クリアケースに入れるものを変えたりしてみましょう。誤飲を防ぐために、ドングリなど入れるものとクリアケースの数をそろえておくとよいでしょう。

音がするよ

季節	保育者数	準備
秋	一人から	なし

用意するもの
- 石、葉っぱや木の枝など

準備しておくこと
- なし

遊び方

自然の物の音を楽しむ

葉っぱ同士をすり合わせたり、枝を折ったりして自然の物の音を楽しみます。

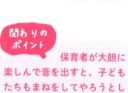
保育者が大胆に楽しんで音を出すと、子どもたちもまねをしてやろうとします。

あそびが広がるポイント

秋の歌のCDを持参して保育者が歌うと、子どもはリズムに合わせて楽しみます。

葉っぱかさかさ

季節	保育者数	準備
秋	一人から	かんたん

用意するもの
- タライ

準備しておくこと
- タライに枯れ葉を入れます。

遊び方

たくさんの葉っぱの感触を楽しむ

タライに枯れ葉を入れ、その中で泳ぎます。

関わりのポイント
タライの中に入るのを嫌がる子どもがいたら、保育者と一緒に近くで見るようにしたり、そばで触れさせて少しずつ楽しさを伝えるようにします。

あそびが広がるポイント
タライの後はビニールプールに葉を入れて、保育者と一緒に入り、触れ合いを楽しむこともできます。

まるまるお引っ越し

季節	保育者数	準備
冬	一人から	なし

用意するもの
● ゴム製の平面フープ

準備しておくこと
● なし

5つの領域をCheck!

健康／人間関係／環境／養護／言葉／表現

関わりのポイント
保育者は、子どもが見たり経験したりしたことをもとに「〇〇のつもり」で遊べる環境を工夫すると、繰り返しジャンプを楽しめます。

遊び方

またいだり、並べたりして遊ぶ

ゴム製の平面フープを好きな場所に置いて、またいだり、並べたりして遊びます。

あそびが広がるポイント
平面フープはまたいで中に入るだけではなく、上を歩いて遊ぶこともできます。また、子どもと一緒に動かしたり、並べたりしても楽しいでしょう。

つめたい！み〜つけた

季節	保育者数	準備
冬	一人から	なし

用意するもの
● なし

準備しておくこと
● なし

5つの領域をCheck!

遊び方

戸外でいろいろな場所に触れる

園庭、テラス、公園など、いつも遊んでいる場所で、遊びながらいろいろな場所に触れてみましょう。触れたところが冷えていて「冷たいね〜」となったら、子どもの手を「あったかくな〜れ」と両手で包んで温めてあげましょう。

関わりのポイント

子どもと「つめたい！」「み〜つけた！」と一緒に楽しみましょう。冷たいものを見つけたら、「あったかい！」と子どもの手を包んでふれあいあそびも楽しみましょう。

あそびが広がるポイント

子どもが触れそうな場所をあらかじめ探しておくとよいでしょう。

第 5 章

わらべうた・手あそび

わらべうた・手あそびは
子どもにとっては保育者とのふれあいあそびです。
繰り返す中で、同じ節、言葉、動作に気付き、
子どもなりに見通しをもって楽しめるようになります。

🗨 **ここがおすすめ！**

保育者との楽しい時間のひとつとして楽しみたいのがわらべうた・手あそびです。保育者が子どもと顔を見合わせながら、様子に合わせて歌ってあげましょう。歌が苦手でも大丈夫。その子どもに聞こえるくらいの声のほうが、ゆっくりと遊ぶことができておすすめです。

🗨 **ここがおすすめ！**

子どもが楽しそうにする動作や言葉は、満足するまで繰り返してあげましょう。まねっこやふれあいが楽しいと感じられることが、楽しい、好きという気持ちを育んでいきます。

トコトコトコちゃん

子どもと触れ合いながら遊びます。

作詞者：鈴木克枝
作曲者：鈴木克枝
編曲：植田光子

1.～4. トコトコ ト コちゃん さん ぽ し て

バ ナ ナ ふん じゃっ た
ナ に を け ふ つ まん じゃっ ち
シ ム に け ふ ん じゃっ ち
ガ い おっ こ た た た
ツルン オットー ビョヨヨーン バシャン

遊び方

1 トコトコトコちゃん さんぽして

1番は右人さし指、中指を出し、指先を下にして指を足のように動かして自由に歩きます。

2 バナナ ふんじゃった

指が左手の甲の上を登ります。

3 ツルン

左手の甲からすべり落ちます。

4 トコトコトコちゃん さんぽして

1と同じ動きで頭に向かって散歩します。

5 いしにつまずいた

「…た」で石に見立てた頭にぶつかります。

6 オットー

右手を頭から飛び上がるように離します。

7 トコトコトコちゃん さんぽして

1と同じように手の上を歩きます。

8 ガムを ふんじゃった

「…た」で、右人さし指、中指の2本と親指をつけたり、離したりして、右手を挟みます。

9 ビョヨヨーン

0の形をした指の間から、震わすように右手を離します。

10 トコトコトコちゃん さんぽして

1と同じように手の上を歩きます。

11 いけに おっこちた

左手の腕を丸めて池をつくり、「…た」で池のふちに止まります。

12 バシャン

指を池の中に落とし、そのあとはい出ます。

全体のポイント 保育者がトコちゃんになって、子どもに触れる歌あそびです。子どもの表情をよく見ながら、ゆっくりと行なうとよいでしょう。

キャベツはキャ

子どもの好きな野菜や果物がたくさん出てくる手あそびです。

作詞・作曲：不詳
補作：福尾野歩
編曲：植田光子

1. トマトは　トントントン　キャベツは　キャキャキャ　キュウリは　キュキュキュ　ダイコンは　コンコンコン
2. ピーマンは　ピッピッピッ　カボチャは　チャチャチャ　ニンジンは　ジンジンジン　ハクサイは　クサイクサイクサイ
3. ぶどうは　ぶぶぶ　すいかは　すいすいすい　パインは　パイパイパイ　りんごは　アッポー

遊び方

1 トマトは

2 トントントン

両手のこぶしで上下交互にして3回たたきます。

3 キャベツは

4 キャキャキャ

両手の指を開いたり閉じたりして、笑うまねをします。

5 キュウリは

6 キュキュキュ

両手の指を組み合わせ、3回握ります。

7 ダイコンは

8 コンコンコン

頭を3回たたきます。

全体のポイント　「トントントン」「キャキャキャ」など、いろいろな音が出てくる歌あそびです。歌だけでも楽しむことができます。

9 ピーマンは

10 ピッピッ
ピッ

人さし指を出し、3回曲げます。

11 カボチャは

12 チャチャ
チャ

中指と親指で、3回指を鳴らします。

13 ニンジンは

14 ジンジン
ジン

忍者のように左手の人さし指と中指を立て、右手でそれを包んで右手の人さし指も立てます。

15 ハクサイは

16 クサイクサイ
クサイ

右手で鼻をつまみます。

17 ぶどうは

18 ぶぶぶ

指で鼻を上に向けます。

19 すいかは

20 すいすい
すい

両手を広げ、平泳ぎのしぐさをします。

21 パインは

22 パイパイ
パイ

胸を軽くたたきます。

23 りんごは

24 アッポー

「アッ」で右手をおでこにあて、「ポー」でのびをするように頭の前に出します。

パンダうさぎコアラ

作詞者：高田ひろお
作曲者：乾裕樹
編曲：植田光子

動きが難しいときは、保育者がやってみせましょう。

©1990 by NHK Publishing, Inc. & SHOGAKUKAN Inc.

遊び方

1 おいでおいで おいでおいで

両手を前に出して上下に振ります。

2 パンダ

親指と人さし指で輪をつくり、目に当てます。

3 おいでおいで おいでおいで

1と同じ動きをします。

4 うさぎ

両手を上にあげて、うさぎの耳を作ります。

5 おいでおいで おいでおいで

1と同じ動きをします。

6 コアラ

両手で抱えるような格好をする。

7 パンダ、うさぎ、コアラ

2、4、6と同じ動きをします。

全体のポイント

子どもたちが手を動かして楽しく始まります。動きが複雑ではないので、子どもなりに手指を動かして遊ぶことができる歌あそびです。

さかながはねて

魚がどこにくっつくか、ワクワク感をもって子どもと触れ合います。

作詞者：中川ひろたか
作曲者：中川ひろたか
編曲：植田光子

©1986 by TV ASAHI MUSIC CO.,LTD.

遊び方

1 さかながはねて

両手のひらを合わせて少しふくらませ、魚が泳ぐようなしぐさをします。

2 ピョン

腕を前上に伸ばして、魚が飛び出すように指先を広げます。

3 あたまにくっついたぼうし

両手を頭の上に置きます。

4 さかながはねて ピョン
1、2と同じ動きをします。

5 おめめにくっついためがね
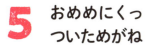

目に手をやります。

6 さかながはねて ピョン
1、2と同じ動きをします。

7 おくちにくっついたマスク

口に手をやります。

全体のポイント　「あたま」「おめめ」「おくち」など体のいろいろなところにくっつくのが楽しい遊びです。ふれあいあそびとしても楽しいですが、子どもなりに手指を動かして楽しむこともできる歌あそびです。

たまごたまご

最後はかわいいヒヨコになり切って遊びましょう。

作詞・作曲：不詳
編曲：植田光子

遊び方

1 たまごたまごが

両手を胸の前で合わせて卵の形をつくります。

2 パチンとわれて

拍手して、大きく両手を広げます。

3 なかからひよこが

両手を胸の前で交差させます。

4 ピヨピヨピヨ

両手でヒヨコの口をつくり、3回開いたり閉じたりします。

5 まあかわいい

両手を開いて頬に当て、小さく左右に動かします。

6 ピヨピヨピヨ

4と同じように動きます。

7 かあさんどりの はねのしたから

両手を横に広げて大きな羽をつくり、上下に4回動かします。

8 くびだけだして

両手のひらをあごに当て、首を左右に動かします。

9 ピヨピヨピヨ まあかわいい ピヨピヨピヨ

4・5・6と同じ動きをします。

10 おそらおそらが まぶしくて

右手で空を3回指さし、左手で空を3回指さします。

11 まるいおめめが

右の親指と人さし指で丸い輪をつくり、右目に当てます。続けて左も同じように動きます。

12 クリックリッ クリッ

手首をひねり、ヒヨコの目を3回動かします。

13 まあかわいい

5と同じ動きをします。

14 クリックリッ クリッ

12と同じ動きをします。

> **全体のポイント** 子どもなりに「パチンとわれて」で手を合わせたり、「ピヨピヨピヨ」で手を動かしたりして、楽しめる歌あそびなので、ゆっくりと歌ってあげるとよいでしょう。

いとまき

最後のできた物をアレンジすると楽しいです。

外国曲
編曲：植田光子

遊び方

1 いとまきまき いとまきまき

かいぐりをします。

2 ひいて ひいて

横にこぶしを引っ張ります。

3 とんとん とん

胸の前で、こぶしを3回上下交互に合わせます。

4 いとまきまき いとまきまき

1と同じ動きをします。

5 ひいて ひいて

2と同じ動きをします。

6 とんとん とん

3と同じ動きをします。

7 できた できた

手拍子を8回します。

8 こびとさん のおくつ

胸の前で両手で小さな輪をつくり、身体を揺らします。

全体のポイント

いとまきは、子どもと保育者が一緒に行なっても、子どもだけで行なっても楽しい歌あそびです。「でーきた　でーきた　こびとさんのおくつ」のところでは、子どもたちがとてもうれしそうな表情になります。

だるまさん

向かい合って遊ぶと楽しいわらべうたです。保育者がにらめっこして遊びましょう。

作詞・作曲：不詳

だるまさん　だるまさん　にらめっこしましょ　わらうとまけよ　あっぷっぷ

遊び方

1 だるまさんだるまさん、にらめっこしましょ、わらうとまけよ

子どもと向かい合って歌います。

2 あっぷっぷ

「あっぷっぷ」の後でにらめっこをします。

全体のポイント　保育者も表情豊かに行ないたい歌あそびです。「だるまさん　だるまさん」のところではゆっくりと揺れて楽しみ、「あっぷっぷ」では頬を膨らませてにらめっこを楽しみましょう。

むすんでひらいて

いろいろな動きがあるので、子どもと一緒に、ゆっくり遊んでみましょう。

作詞者：不詳
作曲者：J.J.ルソー
編曲：植田光子

むーすーんで ひらーいーて てをーうーって むーすーんで

またひらいて てを うって そのーて を うえ に

むーすーんで ひらーいーて てをーうーって むーすーんで

遊び方

1 むすんで

両手を握り、上下に軽く4回振ります。

2 ひらいて

手を開いて、上下に軽く4回振ります。

3 てをうって

4回拍手をします。

4 むすんで

手を握って、3回上下に振ります。

5 またひらいて

2と同じ動きをします。

6 てをうって

3と同じ動きをします。

7 そのてをうえに

両手を開いて上にあげます。

8 むすんで

1と同じ動きをします。

9 ひらいて

2と同じ動きをします。

10 てをうって

3と同じ動きをします。

11 むすんで

4と同じ動きをします。

全体のポイント 子どもと保育者が手をつないで行なうのはもちろん、子どもと向かい合って「てをうって」で手を合わせたりして、一緒に行なうのも楽しい歌あそびです。

ピヨピヨちゃん

子どもにまねしてもらうところをゆっくりと間をとって遊びます。

作詞・作曲：不詳
編曲：植田光子

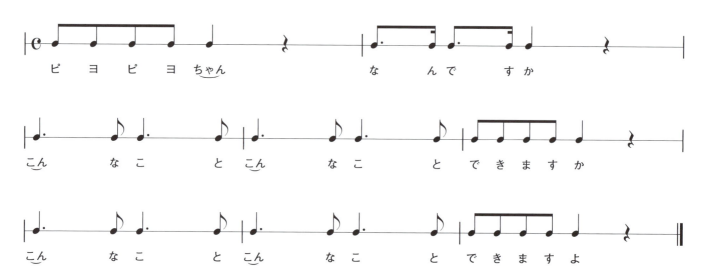

遊び方

1 ピヨピヨちゃん

保育者が口の前で両手を合わせてくちばしをつくり、開いたり閉じたりします。

2 なんですか

子どもが1のまねをします。

3 こんなことこんなことできますか

保育者が両手で耳を触ったり、頭に置いたりします。

4 こんなことこんなこと

子どもが3のまねをします。

5 できますよ

最後は保育者と子どもが一緒に3回手拍子をします。

全体のポイント

「ピヨピヨちゃん」はポーズのまねっこが楽しいあそびなので、歌あそびはちょっと苦手という方でも取り組みやすいのではないでしょうか。子どもとのやり取りを楽しみたいあそびです。

がたがたバス

揺れながら子どもとの触れ合いを楽しみましょう。

日本語詞：志摩桂
外国曲
編曲：植田光子

1. がたがた バス　がたがた バス　はしります　はしります
2. がたがた でんしゃ　がたがた でんしゃ

どこまで いくの　どこまで いくの　ピッ ポー ポー　ピッ ポー ポー

遊び方

1 がたがたバス
がたがたバス

子どもは、保育者の膝の上にのせ、歌に合わせて上下に揺らします。

2 はしります
はしります

今度は歌に合わせて左右に揺らします。

3 どこまでいくの
どこまでいくの

歌に合わせて上下に揺らします。

4 ピッポーポー
ピッポーポー

5 がたがたでんしゃ
がたがたでんしゃ

6 2〜4を繰り返す

全体のポイント　子どもと向かい合って遊びたい歌あそびです。子どもの表情を見ながら、動きを繰り返して遊ぶとよいでしょう。

第5章 わらべうた・手あそび

ゆらゆらタンタン

ゆっくりとしたリズムで優しくタッチして遊びましょう。

作詞・作曲：不詳
編曲：植田光子

1 ゆらゆら

関わりのポイント はじめは、向かい合って子どもの腕を優しく支えながら、歌に合わせてゆっくりと動かしてあげましょう。

2 タンタン

3 おめめ

子どもの手を握り、上下に振ります。

拍手を2回します。

人さし指で目を指します。

4 ゆらゆら

5 タンタン

6 おはな

1と同じ動きをします。

2と同じ動きをします。

人さし指で鼻を指さします。

7 ゆらゆら

1と同じ動きをします。

8 タンタン

2と同じ動きをします。

9 おくち

人さし指で口をさします。

10 プーッと

頬を膨らまします。

11 ほっぺに

膨れた頬を人さし指で指さします。

12 おみみ

人さし指で耳を指さします。

全体のポイント 顔のいろいろな場所に触れる歌あそびです。はじめは保育者が自分の顔に触れながら、歌ってみてはいかがでしょうか？ 子どももやってみたいな、やってほしいなという気持ちになるでしょう。

第6章

あそびの資料

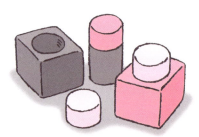

絵本もはじめは玩具のひとつ。
保育者と一緒に楽しむ中で、
他の玩具とは違った楽しさがあるものと認識していきます。
絵本や玩具と丁寧に出会わせたいものです。

絵本

好きな絵本を、好きなタイミングで手に取り、自分なりに楽しんだり、保育者とともに楽しんだりといったことを十分に経験することが大切です。そうした一人ひとりが絵本と関わる経験を積み重ねていくと、3歳の誕生日を迎える頃には、「みんなで見ることも楽しい」と感じられるようになってきます。

子どもが好きでよく手に取っている絵本とともに、保育者が子どもに出会わせてあげたい絵本も棚に並べるとよいでしょう。

玩具

子どもは自由な発想で遊ぶので、保育者のイメージとは違ったあそびになることもよくあります。子どもや周りにいる子どもに危険があるときには理由を伝えて止めるとして、そうでないときには、「どんなことに楽しさを見出しているのかな」と楽しむ気持ちをもって関わるようにしましょう。

あそびの絵本

● どんどこ ももんちゃん

作・絵：とよた かずひこ
出版社：童心社

ここがおすすめ 歩き始めた頃の子どもへの読み聞かせにおすすめの絵本です。

ももんちゃんが急いで向かっている先は、大好きなママのところ。大胆でハラハラする展開も楽しく、声に出すと気持ちのいいリズミカルな言葉にのって、あっという間に最後のシーンまでひきこまれてしまう絵本です。

絵本からあそびへ
絵本をまねして遊ぶとき、マットや台を低めに設定すると、ストーリーを追って繰り返し楽しめます。

● たまごのあかちゃん

文：神沢利子　絵：柳生弦一郎
出版社：福音館書店

様々な形や大きさのたまごから、何が産まれてくるのか？ まだ見たこともない生き物が登場します。ドキドキしながらページをめくります。

ここがおすすめ 繰り返しの表現と躍動感たっぷりの掛け声や擬態語は、保育者が子どもと一緒に声に出して楽しむことができます。

● だるまさんが

作：かがくい ひろし
出版社：ブロンズ新社

ページをめくると、だるまさんが伸びたり、しぼんだり……。
見て楽しい、声に出して読んで楽しい絵本です。

ここがおすすめ シンプルな絵と表現で、子どもが絵本の楽しさを感じることができる絵本です。

● だれかな？ だれかな？

作：なかや みわ
出版社：福音館書店

一部分だけ見えている動物を当てながらページをめくっていくと……。やっぱり、あの大好きな動物が登場しました。

ここがおすすめ 身近な動物から見たことのない動物まで、様々な動物が登場し、子どもの想像力が育まれる絵本です。

リズムにのって、声を出しながら読むと楽しい絵本です。

● あっぷっぷ

文：中川ひろたか　絵：村上康成
出版社：ひかりのくに

「にらめっこしましょ　あっぷっぷ！！」見たことのある動物がそれぞれの「あっぷっぷ」で笑顔にさせてくれます。最後にはもちろん大好きなお母さんの登場です。

絵本からあそびへ
絵本で「あっぷっぷ」に親しんだら、子どもと向かい合って「あっぷっぷ」とにらめっこをして遊びましょう。

ここがおすすめ
小さい子でもリズムにのりやすく、保育者が子どもとコミュニケーションが取れる絵本です。

● でてこい でてこい

作：林 明子
出版社：福音館書店

「でてこい、でてこい」と呼び掛けてページをめくると、おなじみの動物が現れます。

ここがおすすめ
カラフルな色やいろいろな形、リズムのある言葉の表現が、小さい子どもにぴったりの絵本です。

● てん てん てん

作：和歌山静子
出版社：福音館書店

「てんとうむし・かたつむり・ちょうちょ」などの特徴を大きく分かりやすい絵で表現しているので、楽しい虫の世界に入りこめます。

ここがおすすめ
はっきりとした色と耳に入りやすい言葉で、月齢が小さい子どもから、大きい子どもまで楽しむことができる絵本です。

● おでかけ ばいばい

文：はせがわ せつこ　絵：やぎゅう げんいちろう
出版社：福音館書店

いろいろな動物のお母さんが、子どもをリュックに入れて出掛けます。最後はみんな一緒にバスで出かけます。繰り返し手を振る楽しさがユーモアな絵で表現された絵本です。

ここがおすすめ
保育者と子どもが「いってらっしゃーい、ばいばーい」と一緒に手を振る楽しさがいっぱいの赤ちゃん絵本です。

あそびの絵本

● はくしゅ ぱちぱち

文：中川ひろたか　絵：村上康成
出版社：ひかりのくに

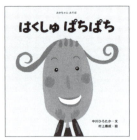

ここがおすすめ　保育者が子どもと絵本を見ながら、一緒に手をたたいて楽しむことができる絵本です。

いろいろな動物が登場して、楽しい芸を披露します。子どもとつい一緒に拍手してしまう絵本です。特に手をパチパチすることが大好きな赤ちゃんと繰り返し遊べます。

絵本からあそびへ
絵本の中にクマが転がる場面があります。保育者が同じように転がってみると、子どもも一緒に体を動かしたくなります。まねっこあそびを一緒にしてみましょう。

● ルルちゃんのくつした

作・絵：せな けいこ
出版社：福音館書店

ルルちゃんがくつしたをなくしました。先生に聞いても、みんなに聞いても、どこにいったか分かりません。どこにいってしまったのでしょうか。

ここがおすすめ　子どもがお話を通して、物を大切にすることを学べる絵本です。

● きんぎょが にげた

作：五味太郎
出版社：福音館書店

きんぎょが1匹、金魚鉢から逃げ出しました。どこに逃げた？　カラフルな絵本の中から、夢中になってきんぎょを探してしまう絵本です。

ここがおすすめ　保育者と子どもが一緒に、絵を指さしながら金魚を探す遊び方ができます。月齢が低い子どもでも楽しめる絵本です。

● どうぶつのおかあさん

文：小森厚　絵：薮内正幸
出版社：福音館書店

様々な動物のお母さんが、大好きな子どもをどうやって運ぶのでしょうか。お母さんの優しさが伝わる絵本です。

ここがおすすめ　本物そっくりの絵を見て、子どもがいろいろな動物に興味をもつことができます。

● くるま なにかな？

作：やまもと しょうぞう　絵：いちはら じゅん
出版社：くもん出版

トンネルの向こうから何が来るのかな？ 様々な車が擬音とともに通過していきます。保育者は、トンネルの向こうに見える車を子どもと当てっこしながら読めるコミュニケーション絵本です。

> **ここがおすすめ**
> 問い掛けの表現で、子どもは次に出てくる車に期待をもって絵本を読むことができます。

● よいしょ

作：三浦太郎
出版社：偕成社

工事の車は力持ち。「よいしょ」の掛け声でそれぞれが働きます。

> **絵本からあそびへ**
> 砂場でのあそびは、実際の掛け声を使用すると、より一層楽しむことができます。

> **ここがおすすめ**
> いろいろな車が登場し、その車の名前や特徴も、子どもが分かりやすいように描かれています。

● とどくかな

作：三浦太郎
出版社：偕成社

高い所に人や物を運ぶ車たちは、「届くかな」「届いた」とドキドキしながら働いています。

> **ここがおすすめ**
> シンプルな言葉の掛け合いで、子どもに分かりやすく表現されています。

● まかせとけ

作：三浦太郎
出版社：偕成社

ごあいさつを繰り返して、協力しながら働く車たち。最後には「ありがとう」も忘れません。

> **ここがおすすめ**
> 繰り返しの表現とシンプルな内容で、月齢が低い子どもも楽しむことができます。

あそびの絵本

● ぴょーん
作：まつおか たつひで
出版社：ポプラ社

ページをめくるたびに、生き物が手足を広げて、ダイナミックに飛び上がります。

> **ここがおすすめ**
> 様々な生き物がどのように飛ぶか、想像力を引き出し、次に飛ぶ生き物も見てみたいという意欲も引き出せます。

● コロちゃんはどこ？
作：エリック・ヒル
出版社：評論社

ごはんなのにコロちゃんがいません。ママが探しに行くと……？ 簡単な仕掛けの中にさまざまな動物が隠れていて、そのセリフの掛け合いも楽しい一冊です。

> **ここがおすすめ**
> シンプルな仕掛けがあり、月齢が低い子どもから楽しむことができます。

● こちょこちょこちょ
作：うちだ りんたろう、ながの ひでこ
出版社：童心社

さっちゃんはたくさんのお友達にこちょこちょをします。みんな笑いますが、やまあらしくんだけはこちょこちょができません。

> **ここがおすすめ**
> 保育者は絵本に登場するさっちゃんをまねしながら、子どもにこちょこちょをして、実際に触れ合うことができます。

● ポッケにタッチ！
制作：Chiku Chiku
出版社：ひかりのくに

ポッケにタッチすると、かわいい動物たちが元気よく顔を出して登場します。

> **絵本からあそびへ**
> 保育室に絵本に登場するいろいろなポッケを作ってみましょう。絵本のように「ポン」と触れたり、中にあるものを取り出したりして遊ぶことを楽しみましょう。

> **ここがおすすめ**
> 子どもが自分でめくって楽しむことができます。また、保育者と一緒にいないいないばあ遊びも楽しめます。

リズムの絵本

● もこ もこもこ

作：たにかわ しゅんたろう　絵：もとなが さだまさ
出版社：文研出版

「しーん、もこもこ、にょきにょき」と膨らんで大きくなったものは、パチンとはじけます。子どもたちの想像力を膨らませる不思議な世界が広がっていきます。言葉と絵の面白さは最高です。

ここがおすすめ　子どもが「もこ」、「にょき」、「ぽろり」などといった楽しい擬音やリズムを楽しむことができます。

● ぎゅう ぎゅう ぎゅう

文：おーなり由子　絵：はた こうしろう
出版社：講談社

お母さんと赤ちゃんの「ぎゅう」、お父さんと赤ちゃんの「ぎゅう」など、赤ちゃんの幸せな「ぎゅう」が描かれています。

絵本からあそびへ
大好きな玩具を近くに集め、実際に触れることで、安定して次のあそびに集中できます。

ここがおすすめ　保育者が実際に子どもと「ぎゅう」をしながら読み進めると、身近な人や物とのスキンシップの楽しさが感じられます。

● パンダのあかちゃん　おっとっと

作：まつもと さとみ　文：うしろ よしあき
絵：わたなべ さとこ
出版社：KADOKAWA

パンダの赤ちゃんが「おっとっと」大好きな動物と一緒に「おっとっと」最後はみんな一緒に「おっとっと」。

ここがおすすめ　子どもが「おっとっと」という言葉の響きや、リズムを楽しむことができます。

● みーんな ははは

作：オームラ トモコ
出版社：アリス館

「ねずみさーん、わらってわらって」「チューチューははは」といろいろな動物の笑顔が描かれています。動物たちの歯の形の違いも分かります。

ここがおすすめ　みんなのすてきな笑顔を見ていると、保育者も子どももしぜんと笑顔になれそうな絵本です。

生活の絵本

● おさじさん

文：松谷みよ子　絵：東光寺啓
出版社：童心社

「おいしいものは、ありませんか？」うさぎのぼうやがおいしい物を食べるために、おさじさんがお手伝いをしてくれます。

> **ここがおすすめ**
> おさじさんとうさぎのぼうやのやり取りは、子どもが自分の経験と重なると感じる部分があり、好きな絵本です。

● わにわにのおふろ

文：小風さち　絵：山口マオ
出版社：福音館書店

お風呂が大好きなワニのわにわにが、おふろ場でいろいろなことを行ないます。毎日入っているお風呂が楽しい場所と感じられる絵本です。

> **ここがおすすめ**
> お風呂が大好きなわにわにの姿がとても可愛らしく描かれていて、子どもがお風呂って楽しいな！と感じることができます。

> **絵本からあそびへ**
> タオル、洗面器、タライ、水色のスズランテープを短く切った物など、お風呂をイメージして遊ぶことができるような素材を準備すると、子どもたちはおふろごっこを楽しむことができます。

● くつくつあるけ

作：林 明子
出版社：福音館書店

大好きなお散歩に行くときに必要なくつ……。擬音がいっぱいで、一緒に歩いている気分になれる絵本です。

> **ここがおすすめ**
> 子どもにとって身近な靴が、飛んだり転んだりする楽しい絵と、耳に残りやすい擬音で、子どもが喜ぶ仕掛けがたくさん詰まった絵本です。

● いやだいやだ

作・絵：せな けいこ
出版社：福音館書店

何でも「いやだ」と言うルルちゃん。大好きな物みんなが「いやだ」と言い出したら……？

> **ここがおすすめ**
> 「いやなものは、いや」という、子どもたちのどうにもならない気持ちが表現されています。

食事、着替え、排せつ…。生活にまつわるテーマの絵本ですが、おはなし自体を楽しみましょう。

● にんじん

作・絵：せな けいこ
出版社：福音館書店

うまも、きりんも、さるも、ぶたも、かばも、ねずみも、ぞうも、みんなにんじんが大好き。にんじんが一番好きなのは？ うさぎさん？ それとも？

ここがおすすめ にんじんを大好きな動物が、まるで動物園のようにたくさん出てきて楽しく読むことができます。

● ゆっくとすっく　トイレでちっち

文：たかてら かよ　絵：さこ ももみ
出版社：ひかりのくに

トイレは嫌な場所でも、怖い場所でもありません。子どもたちが楽しめるようなトイレが登場してきます。

ここがおすすめ お話のおもしろさでトイレは怖いところじゃないよと子どもに伝わる絵本です。

● ねないこだれだ

作・絵：せな けいこ
出版社：福音館書店

時計が夜の9時を指しています。こんな時間に起きているのは？ おばけの時間は怖いはずなのに、ドキドキしながら何度も読んでしまう絵本です。

ここがおすすめ 女の子はどうなるかな？ と子どもと想像しながら楽しみたい絵本です。入眠を促すために読むのはやめましょう。

● あかちゃんのためのえほん　こんにちは

作：いもと ようこ
出版社：講談社

いぬ、ひよこ、ねこ、ねずみなどいろいろな動物が楽しそうな表情で「こんにちは」と挨拶をする絵本です。

絵本からあそびへ いろいろな動物の写真や絵を用意して、半分に折り筋を付けて、「こんにちは」と触れて遊ぶことができるようにしてはいかがでしょうか。

ここがおすすめ 繰り返しが楽しい絵本で、読み終えた後にみんなで「こんにちは」と言いたくなる絵本です。

第6章 あそびの資料

生活の絵本

●ノンタン　もぐもぐもぐ

作・絵：キヨノ サチコ
出版社：偕成社

もぐもぐもぐ……ノンタンは何を食べているのかな？　じゃあうさぎさんは？　くまさんは？

ここがおすすめ　「もぐもぐもぐ」や「何を食べているの？」、「おいしいおいしい」など、子どももよく知っている言葉が出てきます。また、子どもたちの身近な食べ物への興味・関心が広がる楽しい絵本です。

●ノンタン　おしっこしーしー

作・絵：キヨノ サチコ
出版社：偕成社

ぶたさんは、おむつでしーしーします。うさぎさんはトイレで、たぬきさんはおまるでしーしーします。さて、ノンタンはどこでしーしーするのかな？

ここがおすすめ　子どもがトイレを身近に感じられるように、いろいろな動物が登場します。排せつトレーニングのためではなく、絵や言葉が楽しい絵本です。

●ごはん　たべよ

文：大阪YMCA千里子ども図書館　絵：大塚いちお
出版社：福音館書店

いつも食べている物のリアルでかわいい絵と、リズミカルな言葉が、子どもたちに大人気です。

ここがおすすめ　身近にあるごはんのリアルなイラストが、しぜんと食事へと誘います。

●ゆっくとすっく　しあげにはみがきもういっかい

文：たかてら かよ　絵：さこ ももみ
出版社：ひかりのくに

子どもたちは仕上げの歯磨きが苦手です。行く先々で、みんなが仕上げを勧めますが……。最後のバイ菌登場にドキドキハラハラします。

絵本からあそびへ　絵本に登場するような、大きな歯ブラシやふわふわの歯ブラシを作ってみましょう。子どもたちが絵本の中に入り込んだように遊ぶことができます。

ここがおすすめ　歯磨きの仕上げ磨きが苦手な子どもは多いもの。家庭では歯磨きが身近になる頃に読みたい絵本です。

🔴 ぼくとわたしのせいかつえほん

作：つちだ よしはる
出版社：グランまま社

家族、洋服、ドーナツ、動物、乗り物など、赤ちゃんの身近なものが色鮮やかに描かれている絵本です。

> **ここがおすすめ**
> 子どもは知っているものが登場すると、指をさしたり、言葉にしたりします。この絵本は、子どもが一人でも、保育者と一緒でも楽しめます。

🔴 おしり

作：三浦太郎
出版社：講談社

いろいろな動物のおしりはどんなおしり？「わたし」のかわいいおしりはどこかな？

> **ここがおすすめ**
> はっきりとした絵とシンプルな言葉が魅力的なのか、子どもが「もういっかい」と何度も読みたがる絵本です。

🔴 パン ぱくぱく

作・絵：ふくざわ ゆみこ
出版社：ひかりのくに

トースト、ドーナツ、サンドイッチなど、いろいろな種類のおいしそうなパンが描かれている絵本です。

> **絵本からあそびへ**
> 絵本を見ながら、小麦粉粘土や米粉粘土でパンを作って遊ぶと楽しさが広がります。

> **ここがおすすめ**
> ページをめくるたびに、ふんわりとおいしそうなパンがあり、保育者と子どもが思わず「おいしそう」と会話が弾みます。

🔴 たべたの だあれ

作：五味太郎
出版社：文化出版局

「さくらんぼたべたの、だあれ」ゾウをよく見ると、尻尾がさくらんぼになっています。「いちごたべたの、だあれ」と探してみると、ライオンの鼻がいちごになっていました。ページをめくるとたくさんの動物が登場します。

> **ここがおすすめ**
> いろいろな動物が登場し、保育者が子どもと絵を見ながら、だれが食べたのかやり取りも楽しむことができます。

> **絵本からあそびへ**
> 保護者が子どもと「さくらんぼたべたの、だあれ」と当てっこあそびを楽しめる絵本です。

第6章 あそびの資料

食べ物の絵本

● いちご

作：平山和子
出版社：福音館書店

写真のようなリアルな絵で、だんだんと赤くなるいちごが丁寧に描かれています。

ここがおすすめ 保育者は子どもと一緒に本物そっくりな絵を見ながら、食べるまねをして遊ぶことができます。

● ぱん だいすき

文：征矢清　絵：ふくしま あきえ
出版社：福音館書店

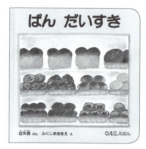

パン屋さんに行くとおいしそうなパンがたくさん並んでいます。いい匂いもしています。いつも見ている本物のパンが飛び出してきそうな絵本です。

ここがおすすめ 「どれにしようかな」とおいしそうなパンの中からお気に入りのパンを選び、楽しむこともできます。

● おいしいよ

作：やまだ うたこ
出版社：ブロンズ新社

イチゴ、ビスケット、スパゲッティなどの食べ物が登場し、赤いクマくんが「おいしいよ」と食べていくお話です。

ここがおすすめ 主人公がおいしそうに食べる姿を見て、子どもが食べることの楽しさを感じることができます。

● おいしいおと！なんのおと？

作・絵：ふくざわ ゆみこ
出版社：ひかりのくに

動物たちが笑顔で、おいしそうな音を出して食事をします。何を食べているのでしょうか。

絵本からあそびへ 壁や箱で動物を作り、口の部分を開けて、食べ物を食べさせて遊ぶことができるようにしてみましょう。保育者が「ポリポリ」「シャリシャリ」など声を掛けると楽しさが増します。

ここがおすすめ 保育者が子どもと一緒にポリポリやシャリシャリなど、おいしい音を探したり、食べるまねを楽しんだりすることができます。

写真の絵本

はいちーず

作：山岡ひかる
出版社：アリス館

ゴリラ、ブタ、スズメなどが、それぞれの特徴を生かしたポーズをとります。ページをめくるのが楽しい絵本です。

絵本からあそびへ
「はいちーず。カシャッ。」という言葉が楽しい絵本なので、表紙と同じようなカメラを作り、「はいちーず」と写真を撮って遊ぶことができるようにしてもよいでしょう。

ここがおすすめ
保育者は絵本を読み終わった後に、「はいちーず」と、子どもとまねをして遊ぶことができます。

どうぶつしゃしんずかん

写真：内山晟　絵：かいち とおる
出版社：ひかりのくに

キリンやライオンなど、いろいろな動物の写真が登場します。

ここがおすすめ
保育者は子どもと一緒に、写真を指でさしながら「これなあに？」「どれが好き？」などことばがけをして楽しむことができます。

たっぷりのりものずかん

写真：小賀野実
出版社：ひかりのくに

身近な乗り物から、空や海で活躍するいろいろな乗り物まで、たくさんの乗り物が登場します。

ここがおすすめ
いろいろな種類の乗り物が掲載されているので、絵本を読みながら、子どもとの会話も弾みます。

たっぷりどうぶつずかん

写真・監修：内山晟
出版社：ひかりのくに

動物園のようにたくさんの動物の写真が登場します。

ここがおすすめ
子どもがたくさんの動物の中から好きな動物を見つけたり、指をさしたりして楽しむことができます。

どの園にもおきたい玩具・遊具

● 引っ張る玩具

本体に付いているひもを引っ張って遊ぶ玩具です。

遊び方 ひもを引っ張って遊びます。一人で歩くのが楽しい時期にぴったりの玩具です。平らなところ、坂道、でこぼこなど遊ぶ楽しさが広がるような環境をつくりましょう。

車輪の付いた本体に、ひもが付いている玩具です。ひもを輪にしたり、持ち手になるようなホースや握り玩具を付けると持ちやすくなります。

● ぬいぐるみや人形

子どもが抱っこしたり、お世話あそびをするぬいぐるみや人形です。

遊び方 子どもは自分がしてもらっていることを、ぬいぐるみや人形を使って再現して遊びます。布団や食器、食具など子どもが身近に感じられる用品とともに置いておくとあそびが広がります。

柔らかい抱き心地のぬいぐるみや人形は、保育室の中に布団やイス、お家などの場所を作って置いておきたい教材の一つです。他の玩具もそうですが、保育者が率先して大切に扱うようにしましょう。

玩具のイラストはイメージです。玩具の性質、その玩具で得られる楽しさや気付きに目を向けて環境を整えましょう。

●ボール

子どもが持ったり、投げたりしやすい大きさのボールです。

遊び方　小さなボールは容器に入れたり、集めたりして、大きなボールは保育者と一緒に転がしたり、追い掛けたりして遊びます。

片手でつかめる物から、両手で持つ大きさの物までいろいろな大きさのボールがあります。あそびの用途によって使い分けてもよいでしょう。軽くて洗うことができる素材がおすすめです。

●絵本

触れたり、見たりして遊べる絵本です。

遊び方　絵本は、子どもが手に取れる位置に置いてあげたい玩具です。保育者と一緒に見たり、自分なりに触れたりして絵本に親しみます。

紙や布、木など絵本の素材も多様です。手指の発達により絵本のめくり方も変化します。子どもが身近に感じられる物、何だろうと興味が持てる物、めくりやすい物などいろいろな視点で絵本を選んでおきましょう。

どの園にもおきたい玩具・遊具

● のぞいたり、くぐったりする玩具

のぞいたり、くぐったりして遊びます。

遊び方 のぞいたり、くぐったり、またごうとしたり、いろいろな姿勢で遊びます。柔らかい素材の物は、フープに通したり、いろいろな粗大のあそびができます。

保育室の中で、子どもなりに伸び伸びと体を動かして遊ぶことができるようなスペースをつくりましょう。安全性や耐久性、色、大きさ、遊び方など多様な視点で選ぶとよいでしょう。

● 組み合わせて遊ぶ玩具

組み合わせて遊びます。

遊び方 組み合わせて遊びます。磁石の力でつく物は、力がいらず、ピタッとつく感覚が楽しいようです。

触れて遊ぶうちに、くっついたり、違う形になったりと組み合わせて遊ぶ玩具です。遊ぶ様子を見ながら、量を調整していくとよいでしょう。

●お手玉

集めたり、袋や容器の中に入れたりして遊びます。

遊び方 集めて並べたり、袋や容器の中に入れたりして遊びます。中に入れる素材を、布の模様や色などで分けて遊ぶようにもなります。

中に入れる素材、入れる分量、布を変えることで、いろいろなお手玉ができます。手作り、市販いずれも縫い目から中身が出てこないか定期的に確認しましょう。

●ブロック

積んだり組み合わせて遊びます。

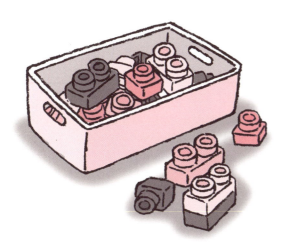

遊び方 子どもがいつでも遊ぶことができるように、手の届くところに少量でも置いておきたい玩具です。子どもなりに積むこともできますが、保育者が一緒に遊んだりすることで楽しさが広がります。

積んだり、組み合わせたりしやすい凸凹のブロックを選びましょう。柔らかい素材の物だと安心して遊ぶことができます。

どの園にもおきたい玩具・遊具

● 積み木

積んだり並べたりして遊びます。

遊び方 積んだり並べたり、集めたりして遊びます。積み木など構成あそびが苦手な子どももいます。保育者も子どもと同じように積んでみたり、子どもが気づかないように少し工夫してみたりと一緒に遊んでみましょう。

積み木にもいろいろな種類があります。はじめからたくさんの量ではなく、一人分を意識して置いておくとよいでしょう。保育者がどのような遊び方があるのか知っておきたい玩具です。

● 木のパズル

枠にいろいろな形をはめて遊びます。

遊び方 いろいろな形に切り取られた木のピースを、枠にはめて遊びます。枠の底に絵柄や色が描かれているパズルは、はじめての子どもでも楽しく遊ぶことができます。形が複雑でない物から始めるとよいでしょう。

あそびはじめの頃は、枠の形が変則的でない物がよいでしょう。持ち手があると枠から取り出したり、はめたりしやすいといわれています。

● にぎりクレヨン

描くあそびに使います。

遊び方 1歳から2歳にかけての一年間は、手指や腕の動きの成長とともに、描くあそびも大きく変化します。子どもが手を動かしたときに紙がずれてしまわないようにし、また隣の子どもとぶつかることがないようにしましょう。

この時期の子どもは細いクレヨンに加えて握る形のクレヨンを用意するとよいでしょう。クレヨンにも特徴があるので、いろいろな紙で組み合わせを試してみましょう。

● スロープの玩具

坂の上に動物や人形を置くと、カタカタしながらゆっくりと坂道を下りてきます。

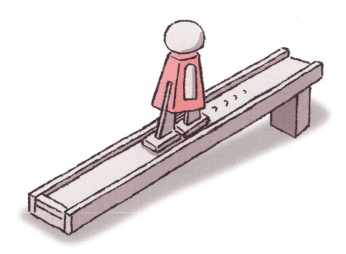

遊び方 子どもがカタカタと小さな音とともにゆっくりと坂道を下りてくる様子を楽しんだり、自分で坂に玩具を置いたりして遊びます。低めの棚やテーブルに坂道を置いておくと、眺めて遊ぶことができます。

木の板と動物や人形がセットの玩具です。子どもが坂道の上に動物や人形を置いて自分で遊ぶことができるように、板と人形をそばに置くようにしましょう。

どの園にもおきたい玩具・遊具

●出し入れする玩具

穴の形に合うものを入れて遊びます。

遊び方 箱にいろいろな形の穴が空いていて、そこに合う形を入れて遊びます。子どもが遊びやすいように、穴に入れる形は箱の外に出しておくとよいでしょう。

あそびはじめの頃は、あまり手首を左右に動かすことなく入れることができる玩具がよいでしょう。たくさん穴のある玩具の場合は、入れるものの数を減らすなどすると遊びやすくなります。

●貼ったり剥がしたりする玩具

貼ったり、剥がしたりして遊ぶ玩具です。

遊び方 指先でめくったり、つかんで剥がしたりした物を、貼って遊びます。貼ったり剥がしたりしているうちに、並べたり形を作ろうとするようにもなってきます。ボードはいくつか用意するとよいでしょう。

市販のホワイトボードとマグネットで作ることもできます。また少し厚みがあると、貼ったり剥がしたりしやすいと思います。

● 操作する玩具

パーツを外したり、元に戻したりして遊びます

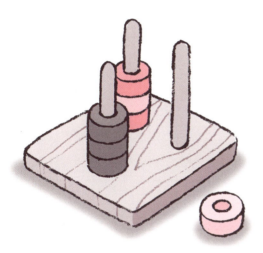

遊び方 パーツを外したり、元に戻したりして遊びます。ときにはごっこあそびの素材にするなど、子どもは多様な遊び方をします。

他のあそびに使っているときでも、登園したとき、目覚めたときには、元のあそびのところに綺麗に戻しておきましょう。

● おんぶひも

人形やぬいぐるみをおんぶして遊びます。

遊び方 人形やぬいぐるみをおんぶして遊びます。子どものあそびを見ながら保育者が援助するのが基本ですが、おんぶひもを身に付けたり外したりするのが子ども自身でできるような素材がよいでしょう。

ハンドタオルにひもを付けるなど、手作りもできます。お世話あそびの玩具とともに置いておくとよいでしょう。また、保育者は背中側におんぶをすることが多いですが、前におんぶしたい子どももいるかもしれません。

第7章
生活の工夫

子どもにとって必要感をもって生活習慣の行為を行なうということが、
自立であるとすれば、行為と共に、なぜするのかという意味を
丁寧に知らせていくことが最も大切な保育者の役割です。
生活習慣は毎日行なわれることです。
だからこそ、流れ作業のようになり、子どもにとって
「促されるから行なう」という
保育者主導の保育になっていないか見直してみませんか？

0・1・2歳児の保育で、生活習慣をみんなで行なおうとすると「バタバタ」と忙しい雰囲気になり、「ちょっと待っててね」と子どもを待たせる時間が生まれてしまいます。「仕方ない」「自分だけでは変えられない」「やり方が分からない」と諦めてしまうのは残念！クラスの保育者みんなで「もう少し子どもとゆったり関わりたいね」と気持ちが重なったら、保育方法を工夫してみませんか？

工夫ポイント①
保育室のあそび環境の充実を！

生活習慣を、子どもが必要とする場面や、少人数で行ないたいと思ったら、まずは保育室のあそびを充実させることから始めてみるとよいでしょう。子どもが保育室の中で、好きな場、好きなあそびを選択できるような環境を整えます。

工夫ポイント②
保育者全員が生活の援助・準備に入るのはNG。
一人はあそびを支えるポジションに！

保育者全員が生活の援助や準備に入ってしまう場面を意識して減らしていきましょう。一人の保育者でもよいので、あそびのスペースにいるようにします。あそびスペースの保育者は、それぞれのあそびに加わったり、見守りながら必要だと感じる場面であそびを支えたりしましょう。

工夫ポイント③
早めに始めて、ゆっくり終わる
始めと終わりが重なるのがGOOD！

食事の前に手を洗うとき、子どもたちに「手を洗おう」と呼び掛けて、場所の取り合いになっていませんか。それは子どものせいではなく、保育者の配慮不足かもしれません。個別にそっと声を掛けてみましょう。きっとそのバタバタは解消されます。あそび・生活を一斉に始めたり、終わらせたりしないことが大切です。保育の流れを見直して、意識して時間差をつけるとよいのではないでしょうか。

睡眠に関する発達

0〜6か月 くらい

生後4か月を過ぎると、夜の睡眠時間が5時間程度になってきます。
生後3〜4か月くらいになると、日中少しずつまとめて眠る時間が多くなり、昼と夜の区別がついてきます。

7〜12か月 くらい

日中目覚めている時間が長くなり、午前と午後に1回ずつ睡眠をとるようになります。

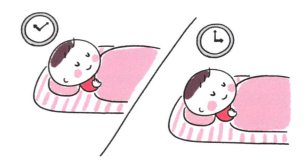

1歳〜2歳 くらい

1歳6か月頃になると、日中の睡眠はほぼ1回になります。
2歳に近くなると、日中1回の睡眠はおおむね2時間程度になります。

2歳〜3歳 くらい

2歳を過ぎると、日中必要とする睡眠時間が更に減ってくる子どももいます。

睡眠に関する園での工夫

0歳児　1歳児
乳幼児突然死症候群（SIDS）に気を配ろう

乳幼児突然死症候群（SIDS）は、それまで元気だった子どもが、何の予兆や既往歴もないまま死に至る原因の分からない病気です。厚生労働省の疾患概念には「主として睡眠中に発症し、日本での発症頻度はおおよそ出生6,000～7,000人に1人と推定され、生後2ヵ月から6ヵ月に多く、稀には1歳以上で発症することがある。」と示されています。

保育の工夫
うつ伏せ寝がSIDSを引き起こすものではありませんが、医学上の理由でうつ伏せ寝を勧められている場合以外は、乳児の顔が見えるあおむけに寝るように援助します。まれに1歳以上でも発症することがあるということから、1歳児クラスでも、寝ている最中にうつ伏せになってしまったときには、あおむけになるように体勢を変えるように援助していくとよいでしょう。

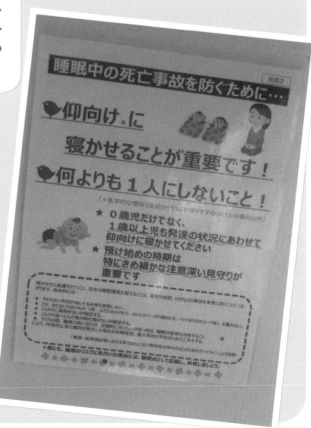

合理的なシステムを構築しよう
気を付けていこうという心得だけではなく、睡眠中に行なうことを具体的に決めて、定期的に振り返りをしましょう。

睡眠に関する園での工夫

> 0歳児　1歳児　2歳児

食事から睡眠への流れを見直してみよう

食事から睡眠までの時間は、食事を終えるタイミングは子どもにより違いますし、食後すぐに眠りたい子ども、睡眠までの間もう少し遊びたい子ども、衣服の着替えをする子どもなど、保育者が何人いても忙しく感じる時間ではないでしょうか。保育者がそれぞれの子どもに対応したいと思うからこその慌ただしさと言えます。おおむね決まった保育の流れがあると思いますが、その時々の子どもたちの個性に合わせて見直しをしてみましょう。

食事の後の流れを見直してみよう

食事の後は、着替えをする子ども、布団（コット）に横になりたい子ども、もう少し遊んでから眠りに入りたい子どもなど、個々の欲求を満たしてあげたい時間です。だからこそ、食事の片付けなどは、誰でも合理的に行なうことができるように、分かりやすく掲示をしておくとよいでしょう。

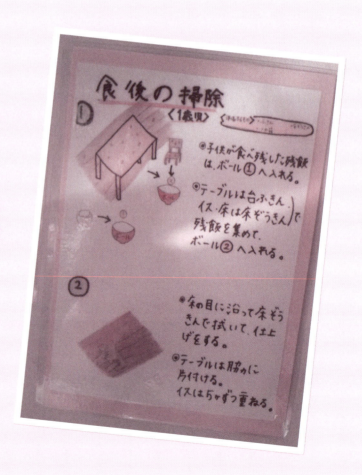

[0歳児] [1歳児] [2歳児]
入眠のための援助を確認しよう

その日の気分や体調にも大きく影響を受けますが、抱っこで入眠するのが好きな子ども、布団（コット）で休んでいる内に入眠する子どもなど、一人ひとりに好きな入眠のスタイルがあります。それを探りながら、援助していけるとよいでしょう。

保育の工夫 自分で布団（コット）はここにあると気付き、自らの意思で入ることができるようになるために、布団（コット）は可能な範囲で同じ位置に敷くとよいでしょう。それが難しいときには、「ここにお布団がありますよ」と場所をお知らせするとよいでしょう。

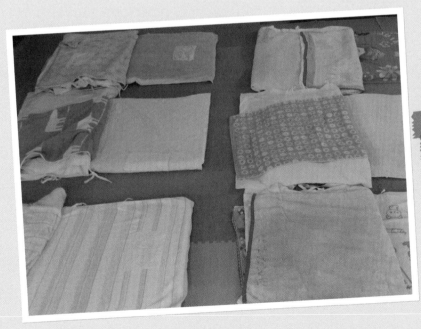

眠くなった子どもが眠れることが最優先

布団（コット）の敷き方は園によりいろいろな考え方がありますが、一番大切にしたいことは、眠くなった子どもがすぐに眠れるということです。

睡眠に関する園での工夫

0歳児 1歳児 2歳児
目覚めた子どものあそび環境を整える

睡眠にも個人差があります。早く目が覚めた子どもが、遊ぶことができる環境を整えましょう。

コンパクトな保育室では、睡眠の時間に常設のあそびスペースを確保するのは難しいかもしれません。そうした場合は、幾つかのカゴに絵本やシリコン製のブロックなど、遊んでいるときに大きな音が出ない玩具を用意するとよいでしょう。

目覚めている子どもにとってはあそびの時間

保育者からは「早く目覚めた子ども」ですが、子どもにとってはあそびの時間です。

玩具の音を確認しよう

眠りを妨げる音が出ない玩具を置いておくようにするとよいでしょう。

[0歳児] [1歳児] [2歳児]
一人ひとり心地よい目覚めを！

入眠と同じように、目覚め方も一人ひとり違います。すっきりと目覚める子どももいれば、泣いたり、目覚めても布団（コット）でしばらく寝ていたい子どももいたりします。

保育の工夫

目覚めてほしい時間よりも少し前に、目覚めを促すようにカーテンを開けて柔らかい光を入れましょう。子どものそばに行き、間もなく目覚める時間になることを伝えてもよいでしょう。穏やかな雰囲気になるか、バタバタと忙しい時間になるかは、保育者の振る舞いや声の大きさによるところも大きいと思います。忙しい時間こそ、保育者は動き方や声の大きさを意識したいものです。家庭での睡眠時間が影響しているようであれば、子どもの睡眠欲求がどうしたら満たされるのか、保護者と連携をとる必要があるでしょう。

目覚めの個性を捉えて援助しよう

目覚めたときに布団（コット）でごろごろしたい子ども、すぐに行動できる子どもなど目覚めにも個性があります。すぐに遊び始められる環境も準備できるといいですね。

着脱に関する発達

0歳 くらい

大人に着脱をしてもらいます。肌着やおむつを替えてもらう中で、気持ちよさに気付いていきます。1歳に近づくにつれ、脱ぎ着を意識し保育者に協力するような姿も見られます。

1歳 くらい

自分で帽子や靴などを脱げるようになります。また、靴下を自分で脱ごうとする姿や、ズボンやパンツを自分で履こうとする姿が見られるようになります。自分でしようとしているときに、保育者が手助けしようとすると、「ジブンデ！」と言って嫌がるときもあります。

2歳〜3歳 くらい

上の服を一人で脱げるようになります。また衣服の前後、表裏も分かるようになり、3歳になるとパンツを腰まで引き上げて履くこともできるようになります。

着脱に関する園での工夫

0歳児 **1歳児** **2歳児**

着替えさせてもらう心地よさを感じられるように！

衣服の着脱は、寒暖に合わせて調節したり、汚れたときに新しい衣類に着替えたりと、その時々で意味合いが違います。衣服の着脱に関しては、手指の発達や個人差がありますがおおむね1歳頃から興味をもち始めます。例えば靴下を自分で脱ごうとしたり、ズボンの前側をあげようとしたりといった自分でしたがる姿も見られるようになってきます。3歳近くになると、遊んだり、食事をしたりして衣服が汚れたら、自分で気付くようになってきます。汚れに気付くのは、着脱の自立への一歩です。

保育の工夫 着替えは、大人の感覚で手早く進めてしまうのではなく、子どもとやり取りをしながら行ないたいものです。大人にしてもらったように身についていきます。
また、子どもがやりたがったり、できるようになったりしても、保育者が確認をして整えてあげることは必要な援助です。

子どもが自分でやりたがるようになる時期には、クラスで一つではなく、数人で一つという風に分割できるような入れ物がおすすめです。

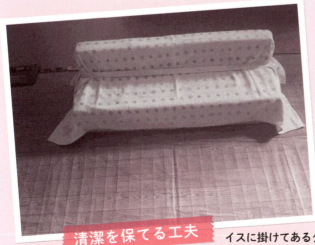

入れ物の工夫

清潔を保てる工夫 イスに掛けてあるタオルは頻繁に交換できるようになっています。
子どもの素肌に触れる物は、衛生的で、肌触りがよい物がよいでしょう。

着脱に関する園での工夫

> 0歳児 1歳児 2歳児
> # あそびにつながることから始めよう

着替えは、保育者が丁寧に行なうことから始まり、成長と共に子どもも着替えに参加するようになります。その先に自分なりに行なおうとする自立へつながっていきます。

保育の工夫

戸外にあそびに行くときに、帽子をかぶったり、靴下を履いたりすることは、どの園でもあるでしょう。子どもにとって楽しいあそびにつながる行為から、着替えに親しむことができるとよいのではないでしょうか。あそびに出掛けるときには、自ら手に取りやすい入れ物を、子どもの手が届く所に置いておくとよいでしょう。

上着の工夫

子どもたちが洗濯バサミで遊ぶことが好きな時期に、引っ掛けるのではなく、洗濯バサミで挟むことができる手作りの上着掛けを作っている園もあります。

0歳児 1歳児 2歳児
季節、活動により着替えをすることを知らせる

暑いときには薄着になったり、寒い時期に戸外に出るときは上着を着たりするなど、場や季節に適した服装があることを、生活を通して子どもに知らせていきます。

保育の工夫
「今日は暑いね。お洋服脱ごうね」と状況と着替えについて声を掛けたり、「今日は風が強くて寒いね。先生も上着着ようかな。○○ちゃんもどうですか?」など、子どもの意識が自分の衣服に向いたり、行為につながったりするような働き掛けをしましょう。

なぜ着たり、脱いだりするのか伝えよう

「寒いから着る」「暑いから脱ぐ」ということを子ども自身が判断してできるようになるために、声を掛けながら援助をしたいものです。

着脱に関する園での工夫

[1歳児] [2歳児]

時間的なゆとりをもって「やりたい」気持ちを大切に

子どもは「ジブンデ！」と、難しいことにも挑戦しようとします。子どもの意欲は大切にしたいと思っても、どこまで見守り、どこから援助をしたらよいのか迷うことがあるのではないでしょうか。

保育の工夫

時間に制約のあるときなどは「早く」とせかしてしまいがちです。時間が掛かっても、子どもの「やりたい」気持ちを受け止めながら、できない部分をさりげなく援助していくためには、時間的なゆとりが大切です。また、着替えを早く終えた子どもが遊ぶことができるスペースがあるとさらによいでしょう。

帽子入れの工夫

出したり、入れたりするのが好きな時期に、子ども自身が出し入れしやすい位置にポケット式の入れ物を用意しています。

`0歳児` `1歳児` `2歳児`

履いたり、脱いだりする援助を丁寧に行なう

大好きな戸外あそびに行くときに履く靴下は、子どもにとって身近な衣類の一つでしょう。はじめは、脱いだり、履いたりするときに保育者の援助が必要です。

> **保育の工夫**
> 子どもが靴下を自分で脱ぐ姿を見ていると、つま先をギューっと引っ張っている子どもと、足首の靴下の口に指を入れてぐっと下げてつま先の方に寄せてから、スルリと靴下を脱ぐ子どもがいます。その差は、それまでどのように援助をしてもらってきたのかだと思います。着る、脱ぐときも結果だけではなく、丁寧に関わりたいものです。

子どものロッカーの近くに手作りのイスが置かれています。子どもの動線を遮ることなく、身近な場所で着替えられるようにしてみましょう。

着替える場所の工夫

靴棚の工夫

保育室の入り口にある靴棚の工夫です。子どもの靴の大きさよりも、少し大きな足跡がたくさん並んでいます。なんだか靴を置くのが楽しくなりそうです。

第7章 生活の工夫

清潔に関する発達

12か月 くらい

新陳代謝が激しく、よく汗をかきます。保育者におむつを替えてもらったり、沐浴して拭いてもらったり歯を磨いてもらうことで心地よさを感じ、おむつが汚れると泣いて知らせます。

1歳～2歳 くらい

うまくできないことも多いですが、自分で手を洗おうとしたり、おしぼりで口や顔を拭こうとしたりします。また、片付けをあそびとして行なう中で、きれいになる気持ちよさに気付くこともあります。

2歳～3歳 くらい

清潔になると喜んだり、パンツがぬれると保育者に知らせたりします。鼻水も徐々に自分で拭けるようになり、3歳になると鼻をかもうとするようにもなります。

清潔に関する園での工夫

`0歳児` `1歳児` `2歳児`

子どもができるようになるまでのプロセスを丁寧に！

生活習慣が「身についた」とはどういった姿でしょうか。手を洗う、タオルで手を拭く、口の周りを拭う……園生活の中には多くの清潔に関する行為があります。急いでいると、ついバタバタしがちですし、大人の感覚で行なってしまいがちになります。多くの園で同じ悩みを抱えています。だからこそ、ゆっくりと関わることができる瞬間を大切にしましょう。

保育の工夫
保育者の援助は大人の感覚で行ないがちですが、子どもが習慣として身につけていくためには、子どもが行なうほどの強さ、速さを意識したいものです。もう一つ心掛けたいのは、子どもが驚いたり、不快に感じたりしないように急に行なわないことです。
子どもは興味・関心をもったことに対して、いつか自ら関わろうとします。生活習慣もまずは保育者に丁寧にしてもらうことから始めて、興味・関心が芽生えたときに挑戦してみるという個別性を大切にしましょう。

着脱の環境の工夫
トイレからの動線に着替え用のイスを置いている園の写真です。清潔を保つことができる素材の座面が工夫されてるイスです。

保育の工夫
どの生活習慣も、将来的には身につけてほしいことなので「いつか、一人でできるようになるといいね」という願いはもって援助をしたり導いたりしていきます。保育者にゆとりがなくなると、「できるけど今日はお手伝いしてほしい」という子どもの気持ちを受け止めにくくなってしまいます。行為としてはできるけども、「今日は先生と一緒がいいな」という気持ちが受け止められることが、保育者への信頼感にもつながるように思います。ゆっくりと生活習慣を形成しましょう。

クラスで一つは子どもが集まりトラブルが起きやすい
自分の靴を見つけて出し入れできる時期になったら、幾つかに分けられる靴入れがおすすめです。

清潔に関する園での工夫

[0歳児] [1歳児] [2歳児]

保育者の姿から片付けの意味に気付いていく

保育室に玩具が散らかり、どうしたら子どもたちが片付けをするようになるのか悩んだことはありませんか？子どもの遊び方をよく観察してみましょう。好きなあそびが見つからずに玩具に触れて、その結果散らかるのと、あそびの場をつくりたくて、そこにある玩具を寄せたり、遊んだりしている過程で、玩具が散らかるのは質的に異なる散らかり方です。

保育の工夫
歩行が安定するまでは、子どもの周囲の玩具で不要と思う物は保育者が片付けて構いません。成長と共に、遊んでいた物を置いて、他のあそびを始めたときには「これで遊ぶのかな？」と声を掛けてみましょう。もう遊ばないというときには、一緒に片付けたり、場合によっては保育者が「ここに置いておきますね」と元に戻す姿を見せてもよいでしょう。

保育の工夫
保育者が率先して片付けながら、毎回同じ場所に片付けると、遊びたいときに探さなくてもよいことや、「片付けすると気持ちいいね。また遊ぼうね」と部屋が片付くと心地よいことを知らせていきましょう。「片付け」の意味を、生活を通して実感することが、主体的な片付けにつながります。

朝や帰り、それから子どもが寝ている時間などに整理整頓をしながら、手入れが必要な玩具を確認しましょう。

整理整頓はすき間時間を活用

0歳児 1歳児 2歳児
子どもの手が届く所に置こう

「きれいにする」ということを子どもに知らせていくときに、汚れていることを知らせてから、保育者がきれいになるように援助していくと、行為の意味も分かりますし、子どもも見通しをもちやすくなります。

保育の工夫 子どもの育ちに合わせて、食事時に口を拭くタオル、ティッシュなど、子どもが必要なときに使える場所に置くようにしましょう。

子どもが使うための清潔の環境

子どもがいつでも使うことができるように、子どもの目線に合わせた位置に鏡とティッシュが置いてあります。

食事に関する発達

0～6か月 くらい

生後4か月頃までは、ミルク（母乳）から栄養を摂取する時期です。生後3か月頃になると、授乳のリズムができてきます。
生後5か月頃「吸てつ反射」が消えて、液体に近いポタージュのような食べ物を飲み込むことができるようになります。

7～12か月 くらい

いろいろな食材を経験する中で、舌で押し潰す咀嚼から、歯茎でかむ咀嚼へ変わってきます。
生後9か月頃から、離乳食を1日3回、おおむね決まった時間に食べるようになります。離乳食を食べた後のミルク（母乳）は、欲しがらなくなる子どももいます。
手で食べ物をつかみ、口に運ぼうとするようになります。

1歳～2歳 くらい

ほとんどの栄養を食事から摂取するようになります。ミルク（母乳）を欲しがらず、離乳が順調で、心身の健康面でも問題がないようなら、卒業する子どももいます。1歳6か月を過ぎた頃から栄養としての授乳は必要なくなります。
上手持ちでスプーンが持てるようになります。

2歳～3歳 くらい

1日3回の食事と1回の補食（おやつ）から栄養を摂取します。
歯が上下10本ずつ生えそろい、しっかりとかむことができるようになります。

食事に関する園での工夫

0歳児 1歳児
授乳・離乳に関する子どもの個性を理解しよう

授乳や離乳に関することは、厚生労働省から示されています。授乳・離乳ともに、子どもなりの個性があるからこそ、基準となるよりどころがあると安心です。小児科や乳幼児健診でも、このガイドに沿って指導助言が行なわれています。家庭との連携や園での方向性を決めるときにも参考になります。

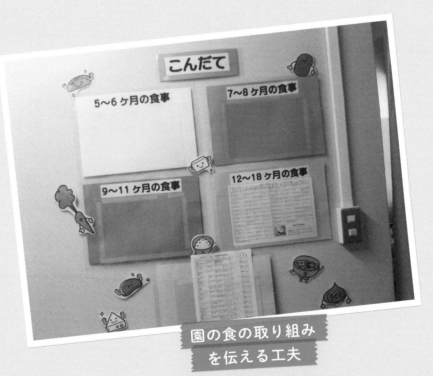

園の食の取り組みを伝える工夫

園でどのような食を提供しているのか、保護者に掲示を通して伝える工夫をしている園もあります。

食事に関する園での工夫

[0歳児] [1歳児]

手づかみ食べを大切にしながら、保育者は適切な援助を！

1歳6か月頃までは、子どもが手づかみ食べを十分にできるようにしましょう。これを十分に経験しておくことで、後に食具を持つ、口に運ぶということにつながっていきます。

保育の工夫 保育者は、手づかみ食べをする子どもの姿を見守りながら、食具で食べ物を適量すくい、子どもの口元に運びましょう。保育者が口に運んだときに、イヤという意思表示をしたら、無理強いするのはやめましょう。食事は毎日のことですから、子どもにとって幸せな時間になるように、一人ひとりへの丁寧な関わりを実践したいものです。

食事の援助をしよう

食具を持つようになってからも食事の援助は必要です。食具や口を拭くためのおしぼりなどを準備して、立ち歩かなくてもよいようにしましょう。

保育の工夫 手づかみ食べから食具へは、メニューを見ながら食具の方が食べやすい食べ物は、食具で食べてみるように促したり、保育者が食具にのせて手渡してみたりして移行していきましょう。徐々に自分で食具を持って口に運ぶ経験を増やしていくとよいですね。

[0歳児] [1歳児] [2歳児]
「食べる」を多様な視点で捉えよう

「食べる」というのは、食事をどれくらい食べたかという摂取量の他、姿勢、食べ物を持つ手指、口への運び方、咀嚼の仕方など、とても多様な視点があります。保育者は、いろいろな視点で子どもの「食べる」姿を捉えて援助に生かしましょう。

子どもに適切な援助をしよう

子どもが一人で食べたがるときに、子どもの主体性を大切にするということで、任せ過ぎてしまうと、食べこぼしなどでひどい状態になってしまうことがあります。一口の量が多ければ減らしてあげたり、口の周辺が汚れていたら拭いてあげたり、様々な視点からの援助をしましょう。

食事に関する園での工夫

0歳児 **1歳児** **2歳児**

手づかみ食べから食具へ

子どもがスプーンを持ったときに、持ち手の先端を握っていることがあります。そのようなときには、正しい位置を持つ方が食べやすいことを伝えましょう。

保育の工夫
食具にもスプーン、フォーク、箸などいろいろな種類があります。まずは、スプーンやフォークなど子どもが扱いやすい食具を通して、今日は「シチューだからスプーンがぴったりだね」など食べ物と食具の組み合わせについて気付いていけるように、保育者が声を掛けて知らせていきましょう。

食事中、隣に座る子どもと腕がぶつからない程度に離れて座ることができるようにしましょう。

食事に必要な広さを考えてみよう

食具にのせる適量を知らせよう

子どもが食べ物をすくうと、スプーンに山盛りになりがちです。口に入れる適量は保育者が知らせていく必要があります。

0歳児 1歳児 2歳児

完食を目的にするのはやめよう

気分や体調で食べる気持ちは変わりますし、メニュー、見た目、味など多様な要素で「イヤ」「イラナイ」となることが頻繁にあるのが、0・1・2歳児の食事です。

舌にある味を感じる「味蕾」は、成長と共に減っていきます。また、幼児期になり、野菜を栽培したり、収穫したりすることで身近に感じる食材が増えるなど、食の経験を重ねることによっても食べられる物は変化していきます。全量を食べさせようとすること、好き嫌いさせないことが優先される食事は、子どもにとっては保育者への不信につながりますし、保育者にとっても辛い食事の時間になってしまいます。

保育の工夫　一人ひとりの「お腹いっぱい」はどの程度の量なのか、毎日の保育の中で確認しておくことが大切です。また、子どもが好きな物を食べる一方で、保育者が「これもおいしいよ」「さっぱりするよ。食べてみる？」など、子どもが手をつけないメニューに気付いたり、関心を寄せたりするきっかけをつくるのも保育者の大切な役割です。

一人ひとり適量は違う

日頃の様子から、その子どもの適量を捉えましょう。規定の量があっても、柔軟に対応することが大切です。

食事に関する園での工夫

0歳児 1歳児 2歳児
保育者の立ち歩きを減らす工夫をしよう！

食事をしている子どものそばで援助をする必要性は分かっていても、何かと立ち歩かなくてはいけないことも多いものです。立ち歩くのはなぜでしょうか？ 手元に置けるものは用意しておいたり、置き場所を変えたりしてみましょう。

保育の工夫
テーブルや必要な物品の位置を一度変えてみて、元の方がよいと思うこともあります。そのようなときには、元に戻してもよいと思います。それは後戻りではなく、「今はこれでいいね」という前向きな気付きといえます。
「子どもが心地よく」「子どもが楽しく」という目的はどの園でも同じですが、その方法は多様でよいと思います。子どものことをよく見る、工夫できるところはないか話し合うということが、保育者の力量を高めていくことにつながっています。

立ち歩く原因を探してみよう
食事をしているときに子どものそばから離れたり、立ち歩いたりすることがあれば、それはなぜなのか確認してみましょう。0・1・2歳の食事は保育者の援助が必要です。

[0歳児] [1歳児] [2歳児]
イス&姿勢をチェック！

支えがなくても、どこかにもたれたりしないで座ることができるようになったら、一人でイスに座って食事をするようにしましょう。子どもの体格はそれぞれ違います。「食べる」というのは量、食具の使い方、口や舌の動き、飲み込み、そして何よりも「気持ちが満たされる食事」であることが大切です。その基本となる、環境は保育者が意識して整えたいものです。

保育の工夫

子どもなりに腕や手を動かして食べることができるように、隣に座る子どもとの距離は十分にあるか確認してみましょう。「座る」のと「食事をする」のでは、必要な広さが変わります。
足が床に着いていない場合は、台やバスマットを切った物で調節をして、足が着くようにしましょう。また、子どもの肘よりも机が高いと食べにくいので、イスを変えたり、座面を調整するとよいでしょう。

園にある物で工夫をしよう

保育者が個人で工夫できるのは、保育の流れや物の置き方です。一斉に全員が食べていたのを、テーブルを半数にしてみるなど、できる範囲で工夫をしてみましょう。

排せつに関する発達

0〜6か月 くらい

膀胱に尿をためることは難しく、意思とは関係なく、1日約20回程度排尿します。
おむつがぬれると泣いて知らせます。

7〜12か月 くらい

1回の尿量が増し、排尿回数が減ってきます。1歳近くになると、排尿の間隔が長くなり、1日当たり10〜16回となります。

1歳〜2歳 くらい

尿を膀胱にためておけるようになってきます。排尿のコントロールはできませんが、2歳に近くなってくると個人差はありますが尿意を感じるようになってきます。
1歳6か月くらいになると、排尿回数はおおよそ1日10回程度になってきます。おむつがぬれると知らせるようになる子どももいます。

2歳〜3歳 くらい

尿をある程度まとめて排尿することが可能になります。
1日の排尿回数が6〜8回程度になってきます。
3歳に近くなってくると、「おしっこがしたい」と尿意を感じてからおしっこが出るようになります。

排せつに関する園での工夫

0歳児 1歳児 2歳児
子どもが落ち着ける環境をつくろう

どの園でも、出入り口や動線、食事をする場所との距離などを考え、おむつを替える場を設定していることと思います。子どもにとって身近な大人におむつを替えてもらうという保育行為は、日に何度もあることです。子どもが「自分は大切にされている」と感じられる、質のよい関わりの場面になることが理想です。

保育の工夫
子どもが落ち着いて過ごすことができるように、可能な範囲で他者からの目線を遮ることができる工夫をしましょう。消毒ができるつい立てや、洗うことができるカーテンなどを用いると、衛生面でも安心です。

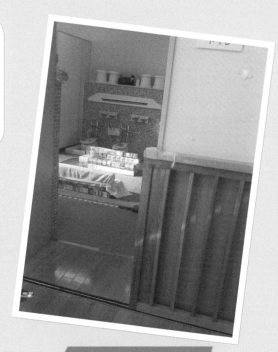

トイレの環境設定
トイレは清潔を保つだけでなく、子どもが行くことを嫌がらない工夫も必要です。寒い地方では暖房器具を置いたり、着替えスペースにホットカーペットを敷くなどの工夫をしています。

子どもへの配慮
おむつを替えてもらう子どもも周囲の目線を感じることのないような環境をつくれるとよいでしょう。

排せつに関する園での工夫

0歳児 1歳児 2歳児
声を掛けながらおむつを替えよう

「おむつを替える」ということを子どもの視点から捉えると、あおむけの姿勢に寝る、おむつを替えるために着衣を脱がせてもらう、おむつをはずしてもらう、新しいおむつにしてもらう、抱き上げられるなど、幾つかの動作が連なっています。保育者は複数の子どものおむつを替えることになりますが、子どもにとっては保育者と個別的に関わることができる時間です。

保育の工夫
子どもが驚いたり、どんな意味があるのか分からないままされたりすることがないように、保育者は子どもの気持ちを考えながら、声を掛けておむつを替えましょう。次第に子ども自身が身につけていく習慣も、一つひとつ意味があるのだと知っていきます。保育者の小さな心掛けも、子どもへの影響はとても大きいと思います。

プライバシーへの配慮
排せつをしている子どもが見えにくい方向にイスを向けています。排せつはプライベートなことという配慮がみえます。おむつがぬれていないか確認したり、排せつに誘ったりするときの保育者の声の大きさにも配慮しましょう。

[0歳児] [1歳児] [2歳児]
おむつ替え、トイレへの誘い方

生活場面でも子どもの主体性は大切にしたいものです。排尿するときにそれと分かるしぐさをしたり、おむつがぬれると教えてくれる子どももいますが、おむつがぬれていないか、保育者が確認をすることも多いと思います。急におむつを覗かれると、子どもも驚いてしまいます。

保育の工夫 子どもに声を掛けてから、おむつを確認するように配慮をしましょう。自らトイレに行き、排せつをするようになるまでの過程では、保育者がトイレに誘うこともあるでしょう。そのようなときも、保育者が子どものそばに行き、トイレに行かなくてもよいか、声を掛けるようにするとよいでしょう。

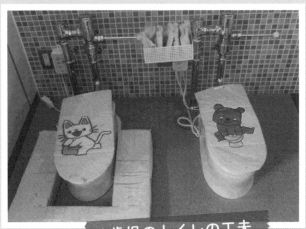

2歳児のトイレの工夫

自らトイレに行くようになる時期です。保育者は付き添いますが、子ども自身が行き来したり、身だしなみを整えたりできるように環境を整えましょう。

1歳児のトイレの工夫

トイレが遊ぶ場所でないことは学んでいきますが、探索好きな1歳児クラスの子どもたちのために、コーティングされた紙で楽しい便器の蓋が作られています。

排せつに関する園での工夫

`0歳児` `1歳児` `2歳児`

園で処理をする場合は登園時のおむつの枚数を決める

おむつの処理の方法が、保護者の持ち帰りから園で処理をするという方向に変わりつつあります。保護者が、布おむつと紙おむつの選択をする園もあれば、園の方針で布おむつという園もありますが、家庭から紙おむつを持参するという園が多いのではないでしょうか。

保育の工夫

おむつを使うときに記述をする園もあるようですが、日に何度もあることですから、その時間がわずかであっても子どもから目を離すことになります。例えば、登園したときに、決めた枚数を用意していただくと、お迎えの際に減っているのが使用した枚数だと理解していただけます。

おむつの工夫

保護者がおむつを持ち帰る園は減る傾向にあります。使った枚数を報告するよりも、あらかじめ決まった枚数を用意してもらい、帰りに使用枚数を確認してもらうとよいでしょう。

[1歳児] [2歳児]
排せつが上手くいかないときには温かい関わりを

排せつの自立過程では排尿が先に成功することが多く、排便ができるようになるのは後の場合が多いようです。また、それまでできていても、体調不良などのちょっとしたきっかけでうまくいかなくなることもあります。特に、パンツで過ごすようになってからうまくいかないと落ち込む子どももいます。

保育の工夫
保育者は、子どもの気持ちを受け止めて、次はきっと大丈夫と励ましながら、排尿間隔を意識しながら、トイレへ誘い掛けるなど、排せつの援助していきましょう。
うまくいかないことが多くても、子ども自身が前向きで、体調も問題がない場合、パンツで過ごす時間を大人の都合で決めるのではなく、可能な範囲で子どもの気持ちを大切にしたいものです。

手洗いスペースの工夫

手洗いの場所の横にさりげなくイスが置いてあります。並んで待つだけではない工夫も考えてみましょう。

朝の受け入れに関する園での工夫

`0歳児` `1歳児` `2歳児`

どの時間帯に登園する子どもも穏やかな始まりを

時間によって、子どもが日中過ごす保育室とは違った場に登園することや、担任の保育者が不在のこともあります。また、朝のおやつを終えた頃に登園する子どももいるでしょう。いつも忙しそうな急かした雰囲気での迎え入れになってはいないでしょうか？

保育所や認定こども園の0・1・2歳児クラスの子どもたちの保育時間は、それぞれの事情により異なっています。

毎日のように登園する子どもたちのことを考えると、前向きな気持ちの日もあればそうでない日もあります。もしかしたら、保護者の方も同じかもしれません。

保育所やこども園は、子どものことはもちろん、どんな自分でも穏やかに受け入れてもらえる、親子にとって安心できる場になっていけるとよいと思います。まずは子どもと保護者に挨拶をして、待っていましたよという気持ちを伝えましょう。保育者が子どもを受け入れる姿を確認することで、保護者は安心することができます。

保護者への配慮

登園してきた保護者に保育者の居場所が分かりやすい表示の工夫がされています。

[0歳児] [1歳児] [2歳児]
その日の保育で配慮する情報のやり取りをしよう

保護者の方には、登園時はその日の保育で配慮してほしいこと、例えば体調のことやいつもとお迎えの時間が異なることなど、いつもと違うことを中心に伝えてもらうようにするとよいでしょう。保護者からの連絡がもれてしまうと、子どもの保育に影響があるだけではなく、園への信頼を損ねることにつながることもあります。保護者からの連絡などは保育者同士では確認したいのですが、他の保護者から見えるのは困ることもあります。限られた保育室内ではありますが、保護者が主に使うスペース、保育の遂行に必要な情報を管理する保育者のスペースを意識して分けるとよいでしょう。

保護者が必要な情報を分かりやすく

保護者が使うスペースには、保護者が必要とする情報を写真や図を使って分かりやすく掲示しましょう。文字だけに頼らず様々な国籍の人でも読めるように意識すると、誰にでも役立つ物になります。

お迎えの時間に関する園での工夫

`0歳児` `1歳児` `2歳児`

子どもと保護者が気持ちよく帰宅できるように支えよう

夕方のお迎えが多い時間帯、何度も保育室の戸が開いて、子どものあそびがその度に中断されるということになっていないでしょうか。保育者が少なくなる時間帯でもありますし、一緒に遊んでいた保育者は立ち上がって目の前からいなくなるということが繰り返されがちにもなります。子どもの様子を見ながら声を掛けてから離れるなど、迎えを待つ子どもにとっては遊びながら過ごせるように配慮したいものです。

また、子どもと同様に保護者の方にも受容的に関わることで信頼関係を築いていきたいものです。保護者の方が保育室を出るときには、子どもにも保護者にも挨拶をして送り出しましょう。小さなことですが、意識をしてどの時間にお迎えにいらっしゃる方にでも行なっていくことはとても大切です。

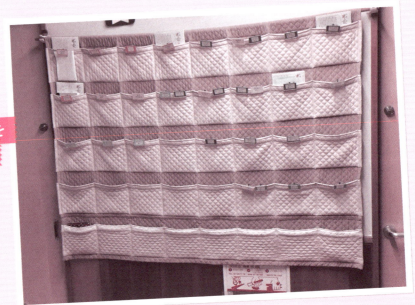

文書配布の決まりを確認しよう

ウォールポケットには、全員に配布する物を入れるようにしている園もあります。間違えて他の保護者に渡ってしまうと、「個人情報の流出」という大事になってしまいます。

[0歳児] [1歳児] [2歳児]
最後の確認をしっかり！

連絡帳の記入は日中にできればよいのですが、バタバタと慌ただしく過ぎる日もあります。そんな日ほど、連絡帳に記入漏れがないか確認をしましょう。また、着替えた衣類などは、簡単でもよいので汚れを落としてたたんでしまっておくことも大切です。子どもに直接関わることが、保育では優先されるべきですが、自分が用意したものを子どもが使っている、保育者にも大切に扱われていると感じることは、保護者にもきっと伝わります。

保護者の立場を考えてみよう

直接のコミュニケーションが基本ですが、園生活が初めての保護者の立場になって、誰にでも分かるように連絡帳の書き方を職員間で共有している園もあります。

0・1・2歳児の保護者対応

日々のやり取りを大切にしよう

送迎時や連絡帳を通して、日々の子どもの姿を伝えたり、何げない保護者とのやり取りを大切にしたりすることが、園や保育者への信頼と親しみにつながります。そうした積み重ねがあると、何かうれしい成長が見られたとき、困り事があるときなどに、子どものことを話したい相手として保育者が選ばれるのだと思います。

朝は元気な笑顔で挨拶！

子どもが認められると、保護者もうれしいものです

ちょっと元気がないかな？と思ったら声を掛けてみましょう

保護者にとって家庭での子どもの様子を聞いてもらえる存在は、とても重要です

あしたの保育も楽しみに、元気にさようなら

信頼される保育者になるために

新任の先生やその園に転職したばかりの先生は、保護者にいろいろ質問をされると間違いのない対応をしなくてはいけないと緊張するかもしれません。

慌てずに話を聞こう

名前が分からないときは、自分の名前を名乗ってから、もう一度尋ねよう

信頼される保育者になるために

聞くだけでよいことなのか、対応が必要なことなのかを考えよう

園の中でいつ、どのように共有・報告するか考えよう

● その場で回答・対応できなければ、
時間がかかることを伝えよう

● 他児や保護者の個人情報の漏えいに配慮しよう

信頼される保育者になるために

嘘をついたり、隠したりしないで共有・報告しよう

自分の感想や推測を交えずに、ありのままを上司や同僚に共有・報告しよう

連絡帳の役割を考えてみよう

連絡帳の在り方も時代と共に変わってきています。連絡帳に決まった定義はありません。0歳児・1歳児クラスで多く用いられていることから、連絡帳は、家庭と園双方で、授乳や離乳食の摂取時間と量、睡眠時間、排せつ、体温、機嫌などの情報を共有して、保健的な視点でも手厚い援助が必要な時期の子どもが健やかに過ごすことができるようになるためのものと考えることもできます。いずれにしても、連絡帳を記述する年齢の担任になったら、その園では連絡帳にどのような役割があるのか確認してみましょう。目的が明確だと、記述が負担にならないように様式変更したり、IT化するときにも、何を削減し、何を残すのか取捨選択しやすいでしょう。

連絡帳の書き方再確認！

連絡帳に記された内容は園の考えとして受け止められ、一度書いた内容を簡単に取り消すことはできません。連絡帳は園として保護者の方へ発信する「公的な書類」であることを忘れてはいけません。一方で、具体的にどのような保育を行っているのか、子どもの姿と保育の工夫を伝えることができる貴重なツールでもあります。

- 子どもの様子を具体的に、前向きな表現で書きましょう
- 事故やケガに関することは安易に記入せず、口頭で伝えましょう
- 他の子どもやきょうだいと比較した記述はしないようにしましょう
- 言葉遣いや誤解を招く表現には注意しましょう
- たくさん書きたいことがあっても枠内に収めましょう

伊瀬玲奈
和洋女子大学人文学部こども発達学科准教授

専門は保育学。保育所、幼稚園における保育経験の後、大学院に進学、東京未来大学講師を経て現職。保育所・こども園を訪問し、実践研究を積み重ねている。著書に『0.1.2歳児保育「あたりまえ」を見直したら保育はもっとよくなる！(学研プラス)』（共著）などがある。

【企画協力】
鈴木みゆき

【執筆者一覧】
金元あゆみ（相模原女子大学学芸学部子ども教育学科講師）
（所属・肩書は執筆時）

【わらべうた・手あそび監修】
植田光子

【写真協力】
青戸福祉保育園　ことぶきこども園

STAFF

本文デザイン● mogmog Inc.
イラスト● 大塚亮子　いとうみき　白川美和
　　　　　町田里美　とみたみはる　Meriko
　　　　　北村友紀　やまざきかおり　なかのまいこ
　　　　　中小路ムツヨ　みやれいこ
楽譜● 株式会社クラフトーン
編集協力・DTP・校正● 株式会社エディポック
企画・編集● 安部鷹彦　山田聖子　北山文雄

年齢別保育資料シリーズ
1歳児のあそび

2019年3月　初版発行

編著者　伊瀬玲奈
発行人　岡本 功
発行所　ひかりのくに株式会社
〒543-0001　大阪市天王寺区上本町3-2-14
TEL06-6768-1155　郵便振替00920-2-118855

〒175-0082　東京都板橋区高島平6-1-1
TEL03-3979-3112　郵便振替00150-0-30666
ホームページアドレス　http://www.hikarinokuni.co.jp
印刷所　図書印刷株式会社

©2019 HIKARINOKUNI　　　　　　　Printed in Japan
乱丁・落丁はお取り替えいたします。　ISBN978-4-564-61561-0
JASRAC　出　1901585-901　　NDC376　224P　26×21cm

本書のコピー、スキャン、デジタル化等の無断複製は著作権法上での例外を除き禁じられています。本書を代行業者等の第三者に依頼してスキャンやデジタル化することは、たとえ個人や家庭内の利用であっても著作権法上認められておりません。